키워드 한국사 6

근대

키워드 한국사 6

김성환 지음
차재옥·김진화 그림

사계절

이 책을 펴내면서

이제 막 역사의 문턱에 들어선 친구들에게

역사란 무엇일까?

　너희들은 친구를 처음 사귈 때 그 아이가 그동안 어디에서 살았으며 가족은 누구인지, 또 어떤 환경에서 자랐는지 궁금한 적이 있었을 거야. 역사란 바로 그런 거란다. 이미 흘러가 버린 과거에 무슨 일이 있었는지 궁금해하고 그것을 알아 가는 과정이 곧 역사라는 거야. 그렇게 과거에 대해 잘 알게 되면 다가올 앞날을 더욱 알차게 계획할 수 있게 되지.

　그런데 바로 며칠 전 교실에서 일어난 일을 두고 반 친구들이 저마다 다르게 얘기할 때가 있을 거야. 만약 며칠 전이 아니라 한참 전에 일어났던 일이라면 더 말할 필요도 없겠지. 그것은 시간이 흘러 기억이 흐릿해질 수도 있고 또 그때의 상황을 저마다 다른 처지에서 바라보기 때문일 거야.

　역사도 그렇단다. 역사에서 우리에게 남겨진 것은 항상 얼마 안 되는 기록과 흔적뿐이야. 게다가 기록을 남긴 사람의 관점에 따라 다르게 기록한 경우도 많지. 그 기록을 세심하게 뜯어 살펴서 언제 무슨 일이 어떻게 일어났는지를 정확하게 재구성하는 것이 역사란다. 그래서 역사를 공부할 때는 암기력이 아니라 세심한 관찰력과 논리적인 추리력이 필요한 거야.

　이런 점에서 『키워드 한국사』에서는 과거에 일어난 특정한 사건을 놓고 그것이 왜 일어났는지, 그것이 일어날 수밖에 없는 어떤 사정이 있었는지, 그 사건에 숨어 있는 의미는 무엇인지를 논리와 추리를 최대한 동원해서 밝혀 보려고 했단다. 역사를 공부할 때는 역사적인 사실을 낱낱이 잘 아는 것보다 사건이 일어난 배경이라든가 사실들의 관계, 역사적인 맥락을 이해하는 것이 더 중요하다고 생각하기 때문이야.

『키워드 한국사』는 권마다 30개 안팎의 키워드로 이루어져 있어. 해당 시대를 이해하는 데 꼭 필요한 역사 개념과 인물·사건·생활·문화 등 다양한 분야의 키워드가 골고루 포함되어 있단다. 말하자면 우리 역사를 알 수 있는 중요한 단서라고나 할까?

예를 들면 우리나라의 근대화를 위한 첫 시도였던 '갑신정변'은 3일 만에 실패로 끝났어. 그렇게 된 이유를 알기 위해서는 그 이전에 일본에 의해 강압적으로 체결된 '강화도 조약'과 이후 일본에 의한 개화 정책, 그리고 그에 대한 반발로 일어난 '임오군란'을 이해해야만 한단다. 역사란 이처럼 하나의 사건이 원인이 되어 어떤 결과가 발생하고, 다시 그 결과가 원인이 되어 다음 결과를 낳는 계속적인 과정이야.

따라서 역사의 키워드, 곧 역사의 단서들을 엮어 나가다 보면 역사의 흐름이 자연스럽게 보일 거야. 그러니까 연도나 사건, 인물 등을 달달 외울 필요는 없단다. 이 책을 읽고 우리 역사에 호기심을 갖게 되거나 또 다른 궁금증이 꼬리에 꼬리를 물고 생겨나서 우리 역사를 더 알고 싶다는 마음이 생긴다면, 그게 바로 진짜 역사 공부가 되는 거야.

이 책에 나오는 키워드를 바탕으로 너희들 스스로 새로운 역사 키워드를 더 많이 찾아내 주길 바란다.

『키워드 한국사』 글쓴이들

차례

1 세계를 향해 문을 열다

키워드 01 **강화도 조약** 조선, 세계에 문을 열다   12

키워드 02 **개화파와 척사파** 문을 열 것인가, 지킬 것인가   20

키워드 03 **갑신정변** 3일 천하로 끝난 개화 혁명   28

키워드 04 **동학 농민 운동** 새야 새야 파랑새야, 녹두밭에 앉지 마라   34

키워드 ✚ **청·일 전쟁** 풋내기 일본, 대국 중국을 꺾다   42

키워드 05 **갑오개혁** 더는 개혁을 늦출 수 없다   44

키워드 06 **근대 문물** 밝고 빠르게 바뀐 일상생활   50

2 기우는 나라의 운명

키워드 07 **을미사변과 아관 파천** 일본, 조선의 왕비를 살해하다 60

키워드 ✚ **명성 황후** 외교의 귀재인가, 권력의 화신인가 66

키워드 08 **독립 협회** 실패로 끝난 근대화 개혁 68

키워드 09 **열강의 이권 침탈** 헐값에 넘겨준 개발 이권 74

키워드 10 **대한 제국** 광무개혁을 바라보는 두 가지 시각 80

키워드 11 **러·일 전쟁** 일본, 강대국 러시아를 꺾다 86

키워드 ✚ **독도** 러·일 전쟁 와중에 빼앗긴 외로운 섬 90

키워드 12 **을사조약과 한·일 합병** 5백 년 왕조가 무너져 내리다 92

키워드 ✚ **을사 5적** 이완용은 왜 친일파가 되었나 100

키워드 13 **최익현** 진정한 보수주의자의 면모 102

키워드 14 **애국 계몽 운동** 나라를 살리려 마지막까지 힘쓴 개화파 106

키워드 15 **안중근** 평화를 위해 총을 든 독립군 110

3 일제 강점기의 시련을 넘어서

키워드 16 **동화 정책** 한국인은 이제부터 일본인이다? 118

키워드 17 **토지 조사 사업** '토지 제도를 뜯어고쳐라' 122

키워드 18 **3·1 운동** 한반도에 울려 퍼진 '대한 독립 만세' 128

키워드 19 **대한민국 임시 정부** 3·1 운동, 대한민국 임시 정부를 낳다 136

키워드 20 **김구와 이승만** 무력 투쟁 김구냐, 외교 전술 이승만이냐 142

키워드 21 **문화 정치** 문화 정치로 무엇이 달라졌나 152

키워드 22 친일파 윤치호를 통해서 본 친일파의 정신세계 160

키워드 23 신간회 일제에 대한 비타협 투쟁에 나서다 166

키워드 24 근대 의식주 생활 속에 스며든 근대화 172

키워드 25 국외 무장 독립운동 봉오동과 청산리에 파묻힌 독립 염원 180

키워드 26 김일성 김일성은 누구인가 188

키워드 27 중·일 전쟁 만주를 넘어 중국 대륙을 삼킨 일본 194

키워드 28 황국 신민화 정책 일본 천황의 노예가 되어라 198

키워드 ✚ 여자 정신대와 군 위안부 전쟁 최대의 피해자는 여성 206

키워드 29 태평양 전쟁 긴 어둠을 지나 새벽이 밝아 오다 208

연표 216

찾아보기 218

사진·그림 제공 및 출처 222

1 세계를 향해 문을 열다

1840년 무렵부터 영국을 비롯한 유럽 국가들은 아시아를 향해 침략의 손길을 뻗치기 시작했어. 거세게 밀려오는 외세에 맞설 준비 태세를 갖추지 못한 조선은 결국 일본에 의해 나라의 문을 열게 되었지. 이후 조선 사람들은 대세를 따라 외국 여러 나라들에 문을 열어야 한다는 개화파와 외세를 물리쳐야 한다는 척사파로 의견이 나뉘었어. 그러는 사이에 나라의 운명은 나라 바깥에서 밀려온 큰 파도에 휩쓸리게 되었단다.

키워드 이   강화도 조약

조선, 세계에 문을 열다

역사에서는 겉으로 드러난 것이 모든 진실을 말해 주지 않아. 진실이 눈에 보이지 않는 깊숙한 곳에 감추어져 있을 때도 종종 있어. 1876년 일본과 우리 조선 사이에 맺어진 강화도 조약이 바로 그런 것이었다고 할 수 있지. 강화도 조약은 겉으로 보기에는 조선이 일본에 항구를 개방한 사건이지만, 거기에는 잘 드러나지 않은 진실이 있었단다.

【 조선은 왜 쇄국 정책을 고집해 왔는가 】

1876년 2월 26일, 강화도 연무당에 신헌이 이끄는 조선 대표단과 구로다 기요타카가 이끄는 일본 대표단이 마주 앉았어. 이 자리에서 양쪽은 12개 조항으로 이루어진 '조·일 수호 조규'에 서명했어. 조·일 수호 조규는 보통 '강화도 조약'이라고 하는데, 주요 내용은 조선이 부산항·인천항·원산항 등 세 항구를 열어 일본이 자유롭게 드나들 수 있도록 한다는 것이었지.

강화도 진무영 연무당 1876년 2월 11일 일본과 조선의 회담이 시작되자, 일본군은 연무당에 대포를 배치하고 조약 체결을 강요하는 무력 시위를 벌였다.

강화도 조약 회담도 1876년 2월 26일 조선은 일본의 강압으로 강화도 조약을 맺었다. 강화도 조약은 조선이 외국과 맺은 최초의 근대적 조약이자 불평등 조약이었다. 일본의 시각에서 그린 그림이다.

조선은 예부터 다른 나라에 함부로 항구를 개방하지 않았는데, 어떻게 이런 조약을 맺게 된 걸까? 그동안 조선이 항구를 열어 준 나라는 이웃 나라 중국과 일본밖에 없었어. 특히 일본이 항구를 열어 달라고 요청해 올 때는 특별히 몇 항구만 열어 왕래하도록 허가해 주었을 뿐이야. 일본은 한반도를 거쳐 중국의 발달한 문명을 전해 받았기 때문에 조선의 항구를 드나드는 것이 중요했어. 그래서 종종 항구를 열어 달라고 조선에 요청하곤 했거든. 그런데 강화도 조약이 맺어질 무렵 조선은 일본이 조선의 항구로 들어오는 것을 허가해 주지 않았어. 거기에는 그럴 만한 사정이 있었지.

19세기 중엽께까지는 일본도 중국이나 조선처럼 다른 나라에 항구를 개방하지 않았어. 네덜란드 상인들에게 몇몇 항구를 개방한 적이 있지만, 그것은 어디까지나 예외적인 조치였지. 그러던 중 미국의 페리 제독이 함대를 이끌고 와서 일본에 항구를 열라고 요구했어. 일본이 거절하자 미국은 대포

페리 제독의 일본 상륙도 미국의 페리 제독이 일본과 미·일 수호 통상 조약을 맺기 위해 일본에 상륙하는 모습이다. 일본은 미국의 위협에 굴복해 1854년 개항했다.

를 앞세워 협박해서 강제로 항구를 열게 했어. 그때가 1854년이었어. 강화도 조약이 맺어지기 22년 전이었지.

항구를 연 일본은 미국을 비롯해 유럽의 여러 나라가 크게 발전했다는 사실을 깨닫고 그들을 본받아 나라를 발전시켜야 한다고 생각했어. 그래서 1868년에 '메이지 유신'이라는 개혁을 단행했단다. 그동안 이름뿐이었던 천황을 실질적인 권력의 중심으로 세우고, 천황의 지휘 아래 공장을 세워 신식 무기를 만드는 등 서양 문물을 받아들이기 시작한 거야.

이 무렵 일본 천황은 조선에 문서를 보내 메이지 유신에 대해 알리고 자기 나라와 교류하자고 요구했어. 그러나 조선에서는 이제까지 조선에 허리를 굽히던 일본이 이제 조선과 대등한 관계를 맺자고 하는 것은 인정할 수 없다며 거절했어.

조선이 일본의 요청을 거절한 데에는 더 깊은 속사정이 있었어. 이미 조선에는 영국·프랑스·미국 등 서양 나라들이 몰려와 개항을 요구한 적이 있지만, 조선은 모두 거절한 터였어. 왜냐하면 이웃한 중국이 서양 나라들의 개항 요구를 거절하자 서양 나라들이 함대를 앞세워 중국의 수도 베이징을 함락하는 전쟁이 벌어졌는데, 조선은 그 소식을 듣고 잔뜩 겁먹고 있던 참이었거든. 게다가 일본 또한 미국에 의해 강제로 개항한 사실까지 전해지면서 일본에 대해서도 경계심을 품고 있었지.

【 일본의 속셈 】

일본은 미국이 개항을 요구해 왔을 때 거절했다가 결국은 미국에 무릎을 꿇고 말았던 것처럼, 자기 나라가 당했던 방법으로 조선의 문을 열려고 했어.

그 무렵 일본의 개화 사상가 후쿠자와 유키치는 일본이 조선에 개항을 요구하는 명분으로 다음과 같은 논리를 내세웠어.

'예부터 나무로 집을 지어 온 일본은 개항한 뒤 서양으로부터 더 튼튼하고 불이 날 염려도 없는 돌로 집 짓는 법을 배우게 되었다. 그런데 이웃집인 조선은 아직도 나무로 만든 집에 살고 있다. 거기에 불이 나면 일본도 마음을 놓을 수 없다. 그래서 조선에 돌로 집을 지으라고 말해 주었는데 듣지 않으니, 정 그렇다면 강제로 쳐들어가서라도 돌로 집을 짓도록 가르쳐야 하지 않겠는가.'

이러한 논리를 바탕으로 일본은 1875년부터 군함 운요호를 앞세워 부산과 인천 앞바다에 나타나 조선에 항구를 열라고 요구했어. 조선이 이 요구를

메이지 천황 1867년에 즉위하여 일본을 천황 중심제 국가로 바꾸고, 1868년 일본을 근대적으로 변화시키는 메이지 유신을 단행했다.

거절하자 강화도와 영종도에서 그곳을 지키던 조선군과 전투를 벌이기까지 했지. 이를 '운요호 사건'이라고 해. 일본은 이 사건을 꼬투리 잡아 조선에 사과를 요구했어. 그러면서 이런 충돌을 미리 막기 위해서라도 항구를 열어 서로 교류해야 한다고 주장했단다.

한편 이즈음 조선의 조정 안에서도 변화가 있었어. 고종이 스무 살이 넘자 그동안 나라를 다스려 오던 고종의 아버지 흥선 대원군이 물러나고 고종이 직접 나라를 다스리기 시작한 거야. 고종과 그를 보좌하는 신하들 중에

는 흥선 대원군과 달리 조선이 적극적으로 서양 나라들에 문을 열어야 한다고 주장하는 이들도 있었어. 고종은 신하들의 의견을 받아들여 결국 일본에 항구를 열어 주기로 결정했어. 그래서 1876년 2월 26일, 강화도에서 조·일 수호 조규를 맺게 되었던 거야.

【 불평등한 조약 】

조·일 수호 조규는 모두 12개 조항으로 되어 있는데, 그 가운데 일부는 우리에게 아주 불리한 내용이었어. 당시 조선의 관리들이 나라 밖 사정에 밝지 못해 그 점을 눈치채지 못했던 거지.

먼저 1조를 보면 "조선국은 자주 국가로서 일본국과 평등한 권리를 갖는다."고 되어 있어. 겉으로는 아무 문제가 없어 보이지만, 여기서 일본이 조선을 유독 자주 국가라고 못 박은 데에는 이유가 있었어. 바로 청나라가 조선에 간섭하지 못하도록 한 장치였던 거야. 이때까지도 조선은 청나라에 조공을 바치는 나라였기 때문에 자칫하면 청나라가 조선과 일본 관계에 끼어들 염려가 있었어. 말하자면 1조는 조선이 청나라에 예속된 나라가 아니라 자주 국가라는 것을 내세움으로써 청나라가 조선과 일본 사이에 끼어들지 못하게 만든 조항이었지.

4조에서는 부산을 비롯한 세 항구를 개방하여 일본인이 자유롭게 오가며 무역을 할 수 있게 했어. 나아가 7조는 일본이 조선 해안을 자유롭게 측량하도록 허가한다는 것이었어. 일본이 조선의 바다 깊이와 암초의 위치 등을 수시로 재서 항해용 지도를 만들려는 속셈이었던 거야.

가장 심각한 내용은 10조였어. 일본 사람이 조선이 개방한 항구에 머무르는 동안 범죄를 저지르면 일본의 관원이 조사하고 처벌하게 한다는 것이었지. 이는 일본 사람이 조선 땅에 와서 조선 사람들에게 해를 입히거나 제멋대로 행동해도 조선의 법으로는 처벌할 수 없다는 뜻이란다. 이런 것을 '치외법권'이라고 해. 치외법권은 일찍이 일본이 미국에 개항할 때 당한 불평등 조항인데, 그것을 조선에 그대로 써먹은 거지.

더욱 불행한 건 강화도 조약에 따라 일본에 문을 열어 준 뒤로 미국, 영국, 독일, 이탈리아 등 서양 나라에도 잇달아 문을 열어 줄 수밖에 없었는데,

인천의 일본인 거류지
조선은 일본과 국교를 맺을 때 항구를 중심으로 사방 10리 안에서 일본인이 주택을 사거나 자유롭게 영업할 수 있게 했다. 이곳은 조선 법의 통제를 받지 않아 조선 속의 일본이나 다름없었다. 1900년 무렵 인천의 일본인 거류지 풍경이다.

일본인에겐 여기가 천국이지!

그 나라들에도 일본과 똑같이 치외법권을 인정해 주어야 했다는 사실이야.

 19세기 중반 세계의 정세는 바깥을 향해 문을 열지 않고는 살아갈 수 없는 상황이 되어 있었어. 따라서 조선의 개항은 피할 수 없는 일이었단다. 그렇지만 조선은 스스로 준비해서 주체적으로 문을 연 게 아니라 일본에 떠밀려 마지못해 문을 열었어. 또 그 과정에서 나라의 이익도 제대로 챙기지 못했지. 이것은 그 뒤 조선의 운명에 어두운 먹구름을 드리우게 한단다.

키워드 02　개화파와 척사파

문을 열 것인가, 지킬 것인가

조선은 일본과 강화도 조약을 맺고 뒤이어 서양 여러 나라에도 나라의 문을 활짝 열었어. 이런 상황을 놓고 조선 사람들의 의견은 크게 둘로 나뉘었단다. 하나는 찬성이고 다른 하나는 반대였지. 찬성한 쪽을 개화파, 반대한 쪽을 척사파라고 하는데, 개화파와 척사파를 각각 대표하는 선비 박규수와 최익현을 통해 양쪽 의견을 들어 보기로 하자.

【 개화란 무엇인가 】

'개화'라는 말은 일본에서 전해진 말이란다. 일본은 조선보다 먼저 미국에 항구를 열어 주었지. 일본에서도 강화도 조약을 맺은 뒤의 조선처럼 개항에 대해 찬성과 반대 의견이 들끓었어.

하지만 일본의 지도자들은 반대 의견을 누르고 서양 문물을 적극적으로 받아들이기로 했어. 그러한 개혁 정책이 메이지 유신이야. 메이지 유신 이후 일본은 많은 젊은이들을 미국과 유럽으로 보내 발달한 서양 문물을 보고 배우게 했단다.

미국과 유럽 여러 나라를 둘러본 일본 젊은이들은 눈이 휘둥그레졌어. 굴뚝으로 시커먼 연기를 뿜어내는 공장에서 온갖 희귀한 물건들이 홍수처럼 쏟아져 나오고 있었거든. 증기 기관이라는 것도 처음 보았지. 또 사람을 치료하는 의술도 동양과 전혀 다르게 수술용 칼로 직접 살을 째고 상처를 치료하는 것이었어.

그런데 일본 사람들을 더욱 놀라게 한 사실이 있어. 서양에서 과학과 기술이 발달한 지 겨우 100년도 안 되었다는 것이었지. 그래서 일본 사람들은 자기들도 서양의 학문과 제도를 받아들여 열심히 연구하고 실행하면 머지않아 서양처럼 될 수 있다고 생각했어.

이러한 것을 영어로는 '문명화(civilization)'라고 했는데, 일본 사람들은 이것을 특별히 '문명 개화'라고 표현했어. 그리고 나중에는 줄여서 그냥 '개화'라고만 한 거야.

일본에서 어찌나 열심히 개화를 외쳐 댔는지 얼마 지나지 않아 거리의 풍경이 싹 바뀌었단다. '기모노'라는 일본의 전통 옷을 입고 '게다'라는 전통 신발을 신은 모습은 드물어지고, 서양식 의복에 서양식 구두를 신고 다니는 신사들이 거리에 넘쳐났지. 머리털도 짧게 잘라 서양식 머리 모양인 '하이칼라'로 바꾸고 말이야. 그래서 이 무렵에는 "일본 거리를 다니는 하이칼라의 머리통을 두드리면 '개화'라는 소리가 난다."는 우스갯말까지 퍼졌다는구나.

이렇게 일본에서 뜨겁게 불던 개화 바람은 강화도 조약을 계기로 대한해협을 건너 조선에도 불어닥치기 시작했단다.

근대화한 일본의 도시 메이지 유신 이후 근대화한 일본 도쿄의 긴자 거리를 그린 그림이다.

【제너럴셔먼호 사건을 지휘한 박규수】

박규수는 조선이 문을 열고 세계 여러 나라와 교류해야 한다고 생각한 관리였어. 요즘 같으면 그런 생각이 자연스러워 보이고 전혀 이상할 것도 없지. 하지만 박규수가 살았던 1800년대 중반까지만 해도 조선 관리 중에는 그런 생각을 하는 사람이 거의 없었어. 중국과 조선 말고는 모든 나라가 오랑캐여서 그들과 어울려 봐야 배울 게 없다고 생각했으니, 박규수와 같은 생각을 하는 사람은 아주 특이했지. 박규수는 조선에 개화파를 만들어 낸 선구자였던 셈이야.

그런데 박규수도 처음부터 그렇게 생각했던 건 아니란다. 박규수는 강화도 조약이 맺어지기 10년 전, 평안도를 다스리는 관찰사가 되어 평양에서 근무하고 있었어. 그런데 이때 제너럴셔먼호라는 미국 배가 서해에 나타나 대동강을 거슬러 올라오는 사건이 일어났어.

박규수는 관리를 보내 무슨 일로 왔는지 알아보라고 했어. 미국 배에서 내린 서양 사람들이 자기들은 장사하는 사람들이라며 교역을 하자고 말했어. 배에 자명종 같은 진귀한 서양 물건을 많이 싣고 왔으니 조선의 쌀, 인삼, 호랑이 가죽 같은 물품과 거래하자고 말이야. 보고를 받은 박규수는 그들에게 일단 조선에서는 외국과 무역하는 것이 금지되어 있으니 물러가라고 했어.

하지만 제너럴셔먼호는 물러가지 않고 대동강을 거슬러 올라와 평양 근처 대동강 변에 배를 대고는 교역을 하자고 계속 졸라 댔어. 심지어는 물러가라는 지시를 전하러 간 조선 관리를 붙잡아 가두기까지 했지. 소식을 들은 박규수는 이들에게 단호하게 대응해 본때를 보여 줘야겠

박규수 초상화

22

다고 생각했어. 그래서 군대를 동원해 제너럴셔먼호를 공격하여 배를 불태우고 선원 20여 명을 모두 죽여 버렸어. 이때까지만 해도 박규수는 다른 조선 선비들처럼 '서양 사람들은 막돼 먹은 오랑캐'라고 생각했던 거야.

그런데 제너럴셔먼호 사건이 일어난 뒤 박규수는 청나라에 사신으로 갈 일이 생겼어. 박규수가 청나라에 가서 보니 나라 전체가 서양 문물을 배우기 위해 바쁘게 돌아가고 있었지. 그 뒤로 박규수는 생각이 바뀌었단다.

【 개화파의 스승이 되다 】

박규수의 생각이 그렇게 빨리 바뀌게 된 데에는 그럴 만한 집안 내력이 있었어. 박규수는 박지원의 손자야. 박지원은 일찍이 청나라를 오가며 그곳에 전해진 서양의 선진 문물을 보고는 우리도 그들을 따라 배워야 한다고 주장했던 사람이지. 그런 내용이 담겨 있는 책이 『열하일기』란다.

박규수도 할아버지처럼 조선이 과거를 떨쳐 버리고 새로운 시대를 받아들여야 한다고 생각하게 되었어. 성리학을 앞세워 다른 나라를 배척만 할 게 아니라 우리에게 도움이 된다면 서양 문물을 적극 받아들이고, 나라의 문도 열어 서양과 교역하자고 했지. 나이가 들어 관직에서 물러난 박규수는 사랑방에 찾아온 김옥균, 박영효, 서광범, 홍영식, 김윤식, 유길준 같은 젊은이들에게 자신의 생각을 전하며 함께 공부했어. 훗날 이들이 성장해서 개화파의 중심 세력을 이루게 되었지.

그러던 참에 일본이 운요호를 끌고 조선 바다에 나타난 거였어. 나라에서는 일본의 개항 요구

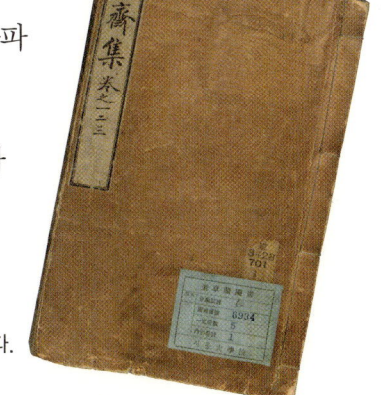

『환재집』 박규수의 자주적인 개화 사상이 담긴 책이다.

개화파 1883년 조선 최초로 미국에 파견한 사절단이다. 앞줄 맨 왼쪽이 홍영식, 네 번째가 민영익, 다섯 번째가 서광범, 뒷줄 왼쪽에서 네 번째가 유길준이다.

를 물리쳐야 한다는 주장이 많았지만, 박규수는 10년 전 제너럴셔먼호 사건 때와 달리 이제는 일본의 요구를 받아들여 나라의 문을 열자고 주장했어. 마침내 그의 주장이 받아들여져 일본과 강화도 조약을 맺고 처음으로 나라의 문을 열었던 거란다.

【 척사란 무엇인가 】

강화도 조약이 맺어지자 나라는 크게 시끄러워졌어. 조정 대신들과 지방의 명망 높은 선비들이 들고일어났거든. 강화도 조약을 맺은 것은 오랑캐 일본에 무릎을 꿇은 것과 마찬가지라는 거야.

예부터 조선의 선비들은 중국에서 전해진 유교, 그 가운데서도 주희라는 학자가 정리한 성리학을 생활의 근본으로 삼아 왔어. 나라도 성리학에 따라 다스려야 올바르다고 생각했지. 그런 만큼 성리학을 모르는 나라는 오랑캐라고 여겼어. 따라서 조선의 선비들에게 일본 같은 오랑캐는 우리가 가르쳐서 깨우쳐 줄 대상에 지나지 않았던 거야.

이런 선비들 역시 강화도 조약이 맺어질 무렵 청나라에 서양 사람들이 오가고 그들이 만든 자명종이나 대포 같은 최신 문물이 소개된 것을 알고 있었어. 하지만 서양 사람들이 청나라와 전쟁을 벌여 청나라를 무릎 꿇린 뒤 제멋대로 다루는 것을 보고는 그들을 더욱 경계하게 됐어.

결국 조선의 선비들은 성리학에 비추어 볼 때 서양 오랑캐의 문물은 올바른 것이 아니라 사악한 것이라고 판단했어. 그래서 사악한 서양 오랑캐 문물은 배척해야 한다고 생각했지. 이를 한자로 '척사(斥邪)'라고 해. 처음으로 조정에 척사를 건의하는 상소를 올린 이는 이항로, 기정진 같은 유학자들이었어. 이후 그들을 따르는 사람들을 가리켜 '척사파'라고 했단다.

【꼿꼿한 선비 최익현】

강화도 조약이 맺어진 뒤 가장 강력하게 반발한 척사파 선비는 최익현이었어. 그는 박규수의 아들뻘 되는 젊은이였지만 성리학의 원칙을 지키는 일에는 박규수보다 훨씬 엄격했어. 성리학에 어긋나는 일이라면 임금이 한 일이라도 거침없이 비판했지.

최익현은 흥선 대원군이 경복궁을 수리한다며 돈을 마구 찍어 내 백성의 살림살이가 어려워지자, 흥선 대원군에게 경복궁 수리를 중단하라는 상소를 올렸어. 이 일로 최익현은 벼슬자리에서 쫓겨나기까지 했지.

일본이 강화도 부근에 배를 보내 위협하며 나라의 문을 열라고 했을 때도 최익현은 참지 않고 상소를 올렸어. 일본의 요구를 들어주지 말아야 할 이유를 낱낱이 들어 반대했던 거야. 무엇보다도 일본의 무력 위협에 한번 굴복하면 앞으로도 일본이 계속 무리한 요구를 해 올 것이 뻔하다는 거였어. 다음으로 일본이 교역하자는 물품은 대부분 공산품이라 계속 만들어 낼 수 있는 것들이지만, 우리는 교역할 물품의 양이 한정돼 있는 농산품뿐이어서 서로 교역하게 되면 결국 우리 경제만 어려워질 것이라고 했어. 그리고 일본은 벌써 서양에 문을 열고 그들과 한통속이 되었으므로 일본을 통해 서양의 사악한 종교가 들어와 우리의 전통 질서를 무너뜨릴 것이라고도 했지.

　이렇게 정부의 정책에 계속 반대하자 고종은 최익현을 흑산도로 귀양 보냈어. 하지만 그는 절대로 뜻을 굽히지 않았어. 그리고 실제로 그 뒤의 정세는 최익현이 주장한 것과 비슷하게 흘러가 일본이 조선을 집어삼키는 지경에 이르렀지.

최익현 초상화

【우리가 그때 살았다면……】

이렇게 보면 개화파와 척사파 가운데 누가 옳았는지 판단하기가 쉽지 않아. 개화파는 시대의 흐름을 정확하게 읽었지만, 서양이나 일본이 감추고 있는 욕심과 속셈까지 알아차리지는 못했어. 그래서 순진하게 그들에게 이용당하기도 했지.

　반면 척사파는 어쨌든 외세의 침입에 저항하고 우리 것을 지키려는 의지

가 굳은 사람들이었어. 실제로 그들은 나라가 일본의 손아귀에 들어가는 것을 막아 보려고 온몸을 던지기도 했지. 하지만 그들은 성리학이라는 낡은 사상에 사로잡혀 서양의 과학과 기술을 얕잡아 보는 실수를 저질렀어.

오늘날 그들을 지켜보는 우리로서는 개화파와 척사파가 각각의 장점만 추려 내 대응했다면 좋았을 텐데 하는 생각이 들지. 하지만 당시에는 그런 생각을 하는 사람이 너무 적어서 역사를 움직일 힘이 없었단다.

키워드 03 **갑신정변**

3일 천하로 끝난 개화 혁명

1884년 10월 17일, 한양에서 큰 사건이 일어났어. 젊은 정치인 몇몇이 정부 대신들을 살해하고 나라의 권력을 차지한 거야. 혁명을 일으킨 거지. 갑신년에 일어난 사건이라고 해서 이를 '갑신정변'이라고 불러. 도대체 왜 이런 갑작스러운 일이 벌어졌을까?

【 개화 정책을 서두르다 】

강화도 조약을 맺은 뒤 국왕 고종은 개화 정책을 적극적으로 펼치기 시작했어. 발달한 서양 문물을 하루빨리 받아들여 나라를 부강하게 만들려고 했지.

고종은 먼저 개화 정책을 맡을 부서로 '통리기무아문'이라는 기구를 만들었어. 통리기무아문에서는 개화 정책을 효과적으로 펼치려면 우리보다 먼저 문을 열고 서양 문물을 받아들인 이웃 나라 일본과 청나라에게서 배워야 한다고 생각했어. 그래서 우수한 젊은이들을 뽑아 일본과 청나라로 보내 어떻게 개화 정책을 펼치고 있는지 보고 배우게 했어. 이때 일본과 청나라로 보낸 시찰단의 이름은 각각 조사 시찰단과 영선사였단다.

일본과 청나라를 둘러본 조사 시찰단과 영선사 요원들은 그들이 서양식 대포와 철로 된 군함을 만들고 서양식 제도를 받아들여 시행하고 있는 모습을 보고는 크게 감명받았어. 그래서 귀국한 뒤 고종에게 자신들이 보고 들은 것을 자세하게 보고했지. 고종은 그들의 말을 듣고 우리나라도 서둘러 근대화를 이루어야겠다고 생각했어.

통리기무아문에서는 무엇보다도 군대를 신식으로 바꾸어야 한다고 건의

별기군 1881년에 창설된 신식 군대이다. 신체가 건강한 80명의 지원자가 뽑혀 일본인 교관에게 신식 무기로 군사 훈련을 받았다. 별기군은 급료를 비롯해 여러 면에서 구식 군인보다 좋은 대우를 받았다.

했어. 최신식 대포와 총으로 무장해서 먼저 우리 자신을 지켜야 한다고 생각했던 거지. 그래서 새로이 병사 80명을 뽑아 별기군이라는 신식 군대를 만들었어. 별기군에게는 구식 군대와 달리 최신식 총을 나누어 주고 월급도 훨씬 많이 주어 잘 대우했지.

【 구식 군대의 반발로 일어난 임오군란 】

이처럼 정부에서 빠르게 개화 정책을 펼치자 온 나라의 선비들이 크게 반발했어. 오랑캐의 문물을 받아들이면 앞으로 우리도 오랑캐와 다를 바 없어질 거라며 목소리를 높였지. 고종은 그들의 반발 때문에 일본에 보낸 조사 시찰단의 이름도 겉으로는 '신사 유람단'이라고 해서 마치 놀러 가는 것처럼 꾸며야 했단다.

이런 가운데 마침내 사건이 터지고 말았어. 1882년 한양에서 구식 군대의 병사들이 폭동을 일으킨 거야. 이날은 13개월 동안이나 밀려 있던 월급을 주는 날이었는데, 월급으로 받은 쌀자루를 열어 보니 썩은 쌀과 모래가 잔뜩 섞여 있지 뭐야. 그러잖아도 구식 군인들은 신식 군대인 별기군과의 차별 대우 때문에 화가 나 있던 참이었어. 그러니 마치 '울고 싶은데 뺨 때려 준 격'이 되었지.

화가 난 구식 군인들은 별기군을 만든 민겸호의 집으로 떼 지어 몰려가 그를 때려죽였어. 여기에 그치지 않고 무기 창고를 습격해 무장하고 개화

 정책에 앞장선 관리들 집을 찾아가 그들을 살해했어. 그러자 그동안 개화 정책에 불만이 있던 백성들도 함께 움직이기 시작했어. 개항 이후로 물가가 올라서 먹고살기가 더 힘들어졌거든.

 이들은 개화 정책을 지휘하는 핵심 인물이 왕비 민씨라 여기고 창덕궁으로 쳐들어갔어. 왕비는 놀라서 친정이 있는 경기도 여주로 피신해야 했어. 그래도 분이 풀리지 않은 병사와 백성들은 일본 공사관으로 발길을 돌려 공사관을 포위하고 불태웠어. 이 과정에서 일본 공사 하나부사는 인천을 거쳐 일본으로 도망가고, 별기군 교관이었던 호리모토 중위는 살해당했단다.

 사태가 이렇게 커지자 고종은 어쩔 줄을 몰라 했지. 결국 고종은 청나라에 군대를 보내 달라고 요청했어. 청나라는 군사 4,500명을 보내와 구식 군인들을 진압했어. 구식 군대 병사들은 왕십리와 이태원 방면으로 피했지만, 청나라군은 이들을 추적해 무찔러서 사태를 진압했어. 1882년(임오년)에 일어난 이 사건을 '임오군란'이라고 해.

【 개화파가 갑신정변을 일으키다 】

청나라군은 임오군란을 진압한 뒤에도 물러가지 않고 조선에 계속 남았어. 그러고는 조선의 정치에 끼어들어 이래라저래라 간섭했지. 당시 청나라는 나름대로 서양 문물을 받아들이고 있었지만 옛 제도를 모두 버릴 생각은 없었어. 그래서 조선도 예전처럼 여전히 조공을 바치는 신하 나라로 취급하려고 했지.

상황이 이렇게 되자 뜻있는 개화파 젊은이들은 나라가 개화와 반대 방향으로 가게 되었다며 걱정했어. 그 가운데 대표적인 인물이 김옥균이었어. 김옥균은 일찍부터 일본을 오가며 일본 개화 정책의 실상을 눈여겨보았지. 그러던 중 박영효, 서광범, 홍영식 등에게 자기 생각을 털어놓았어. 이대로 가다가는 나라의 앞날이 어두우니 일본의 도움을 얻어서 함께 정변을 일으키자고 말이야. 자기들이 주축이 되어 본격적으로 개화 정책을 펼쳐 보자는 것이었지.

우정국 우리나라 최초의 근대식 우편 업무를 담당하던 관청으로, 갑신정변이 시작된 곳이기도 하다. 아래는 갑신정변을 일으킨 주역들로, 왼쪽부터 김옥균, 홍영식, 박영효, 서광범, 서재필이다.

거사일은 1884년(갑신년) 10월 17일로 정했어. 이날은 지금의 우정 사업 본부에 해당하는 우정국을 처음으로 설치하고 그 기념식을 종로의 우정국 건물에서 하기로 돼 있었지. 정부의 높은 관리들도 모두 참석할 예정이었어. 김옥균 등은 그곳에 모인 관리들을 죽이고 정권을 잡기로 했어.

그날 저녁, 우정국 옆 건물에서 불길이 솟아올랐어. 김옥균이 미리 준비해 둔 것이었지. 그 불길을 신호로 기념식장을 덮쳐 정부의 핵심 관리인 민영익을 칼로 찌르고, 궁궐로 가서 고종에게 비상사태가 났다고 알리고는 일본군을 동원하여 궁궐을 지키게 했어. 그리고 무슨 일이 일어났는지 궁금해하며 급히 궁궐로 들어오는 정부 대신들을 그 자리에서 차례차례 죽여 버렸단다. 이를 '갑신정변'이라고 해.

정부 대신들을 제거한 김옥균 등은 이튿날, 새 정부 각료들을 임명하여 개화당 정부를 세웠어. 물론 높은 자리는 홍영식, 김옥균, 박영효, 서광범, 서재필, 박영교 등 개화파가 독차지했지. 그리고 그다음 날에는 새 정부가 펼칠 개화 정책을 발표했어.

14개 조항으로 이루어진 이 발표문에서 개화파는 먼저 청나라에 대한 조공을 폐지하여 자주적인 독립 국가로 설 것과 오래전부터 내려오던 문벌(대대로 내려오는 집안의 신분이나 지위)을 타파하고 모든 백성 가운데 능력 있는 자를 관리로 뽑겠다고 했어. 백성을 괴롭히던 못된 관리들은 엄하게 다스리겠다고 했지.

【백성의 지지를 얻지 못한 3일 천하】

그러나 개화파의 갑신정변은 3일 만에 끝나고 말았어. 왕실에서 한양에 주둔하고 있던 청나라 군대에 도움을 요청했고, 그들이 출동하자 정작 개화파를 지켜 주기로 했던 일본군은 상황이 불리하다는 것을 깨닫고 슬그머니 내

빼고 말았기 때문이야. 김옥균 등은 청나라 군대가 들이닥치자 급히 궁궐을 벗어나 도망치기에 바빴지.

결국 홍영식과 박영교는 청나라군에게 사살당했고, 김옥균·박영효·서광범·서재필 등은 간신히 인천으로 피했다가 일본군 배를 타고 일본으로 망명했어. 나라를 개화시키겠다는 큰 꿈을 안고 일으킨 정변이 겨우 사흘 만에 물거품처럼 꺼져 버리고 만 거야.

그런데 한양의 백성들은 개화파를 지지하지 않았어. 개화파가 외세인 일본을 끌어들여 나라를 제멋대로 주무르려 한다고 여겼기 때문이지.

오늘날 우리는 김옥균 등이 왜 하필이면 일본의 힘을 빌려 개혁을 이루려고 했는지 안타깝게 생각해. 나라의 형편을 백성에게 직접 설명하고 백성의 지지를 받으며 개혁 정책을 펼쳤더라면 그렇게 쉽게 실패하지 않았을 거라고 말이야. 그런데 우리는 나중에 일본이 우리나라를 집어삼킨 사실을 알고 있

김옥균의 죽음 일본으로 망명한 김옥균이 중국으로 건너갔다가 상하이에서 암살당한 장면을 묘사한 그림이다. 아래 사진은 조선으로 돌아온 김옥균의 시신을 다시 능지처참하여 처형장에 걸어 놓은 모습이다.

지만, 그 무렵 김옥균 등은 일본이 진심으로 우리나라의 개혁을 도와줄 거라고 믿었어. 바로 이 점이 우리나라 근대 역사의 비극이야. 그 뒤 조선은 끝내 일본의 야욕을 눈치채지 못한 채 세계 강국들의 세력 다툼에 휘둘리게 된단다.

키워드 04 동학 농민 운동

새야 새야 파랑새야, 녹두밭에 앉지 마라

모든 인간은 평등하다는 동학 사상이 백성들 사이에 한창 퍼져 가던 중, 1894년 전라도 지방에서 동학 교도를 중심으로 수만 명의 농민이 정부에 대항해서 봉기를 일으켰어. 이 봉기를 이끈 이는 전봉준이라는 평범한 선비였지. 전봉준은 왜 봉기의 선두에 서게 되었을까?

【썩은 관리들이 나라를 좀먹다】

1890년대에 들어서면서 조선의 정치 정세는 개화파와 척사파가 서로 다투며 갈피를 잡지 못하고 있었어. 이런 혼란한 틈을 타서 관리들은 백성들에게서 함부로 세금을 거두어 자기 주머니를 채우는 일이 많았어. 백성들은 그러잖아도 먹고살기 어려운 판에 더욱 비참한 처지가 되었지.

그 무렵 전라도 고부에 전봉준이라는 선비가 살고 있었어. 그의 집안은 양반 가문이지만 오래전에 몰락해서 보통 농민들처럼 가난하게 살아가고 있었지. 전봉준은 약방을 차려 돈벌이도 해 보고, 농사일을 하며 서당에서 아이들을 가르치는 훈장 노릇도 하면서 생계를 꾸려 갔어.

서른 살에 접어든 전봉준은 동학에 들어가 고부 지방을 대표하는 접주가 되었어. 전봉준이 동학에 들어가게 된 동기는 동학이 내세운 '보국안민', 곧

전봉준 고택 전봉준이 살던 집이다. 1970년대에 복원했으며, 전라북도 정읍에 있다.

나라를 구하고 백성을 평안하게 하자는 것에 뜻이 같았기 때문이라는구나.

그러던 중 고부에 조병갑이라는 새 군수가 부임해 왔어. 조병갑은 돈만 밝히는 아주 고약한 관리였어. 온갖 구실로 새로운 세금을 만들어 백성을 쥐어짰지. 고부에는 만석보라는 저수지가 있었는데, 조병갑은 멀쩡한 저수지를 놔두고 백성을 동원하여 새 저수지를 만들었어. 그러고는 농민들에게서 강제로 물세를 거두었어. 심지어 자기 아버지의 업적을 기리는 비석을 세우겠다며 돈까지 거두었지. 이 무렵에는 조병갑처럼 백성의 재물을 빼앗고 못된 짓을 일삼는 관리들이 많았는데, 이들을 탐관오리라고 해.

팍팍한 살림을 꾸려 가던 농민들은 이제 더는 참을 수 없는 지경에 다다랐어. 그래서 떼를 지어 고부 관아로 몰려가서 군수 조병갑에게 못된 짓을 그만하라고 항의했어. 그러자 조병갑은 오히려 주동자를 붙잡아 곤장을 때렸어. 그 주동자가 바로 전봉준의 아버지였단다. 전봉준의 아버지는 풀려났지만 모진 매를 맞은 탓에 시름시름 앓다가 죽고 말았어.

전봉준은 아버지의 죽음 앞에서 이를 악물며 이 못된 세상을 바꾸어야 한다고 다짐했어. 두 주먹을 불끈 쥐고 동학 농민 운동을 일으켰지. 전봉준은 어릴 때부터 또래들보다 유난히 키가 작고 덩치도 작아 꼭 녹두 낟알 같다고 해서 별명이 녹두였대. 그래서 그가 동학 농민 운동을 이끌 때 사람들이 '녹두 장군'이라 불렀단다.

만석보 유지비 1894년 농민들이 봉기를 일으켜 만석보를 헐어 버렸다. 지금은 그 자리에 동학 농민 운동을 기념하기 위해 세운 유지비만 남아 있다.

【 농민들이 들고일어나다 】

전봉준은 더 많은 사람들이 관아로 몰려가 조병갑을 몰아내야 한다고 생각했어. 그래서 뜻있는 이들 20여 명이 모여 마을마다 농민을 모으기로 했지. 드디어 1894년 1월 10일, 1천 명의 농민들이 모여 고부 관아로 쳐들어갔어. 농민들이 들이닥치자 놀란 조병갑은 급하게 이웃 전주로 도망갔지. 관아를 점령한 농민들은 무기 창고를 습격해 무장하고는 관아의 창고를 부수고 억울하게 빼앗겼던 곡식을 꺼내 농민들에게 돌려주었단다.

농민 봉기가 일어났다는 보고를 받은 정부는 조병갑의 관직을 빼앗고 이용태라는 자에게 사태를 수습할 권한을 주어 고부로 보냈어. 그러나 이용태는 폭력을 앞세워 봉기를 일으킨 농민들에게 잘못이 있다며 주동자를 찾아내 체포하는 등 농민들의 뜻과는 정반대되는 행동만 일삼았어.

사태가 이렇게 흘러가자 전봉준은 더 많은 농민을 모아 전라도의 심장부인 전주성을 점령해서 조정에 본때를 보여 줘야 한다고 생각했어. 그는 많은 농민들을 동원하기 위해 그 무렵 농민들 사이에 널리 퍼져 나가고 있던 동학 조직을 이용하기로 했어. 그때 전라북도 동학 조직은 손화중, 김개남 등이 이끌고 있었는데 전봉준의 부탁을 받은 그들은 기꺼이 전봉준과 함께 하기로 했지. 동학 교도들은 대부분 가난한 농민이었기 때문에 전봉준이 이끄는 봉기를 지지했거든.

동학 농민 운동의 지도자들
동학 농민 운동을 이끈 3대 지도자들로, 왼쪽부터 전봉준, 김개남, 손화중이다. 이들은 고부와 태인, 무장 지역에서 각각 동학 세력을 이끌었다.

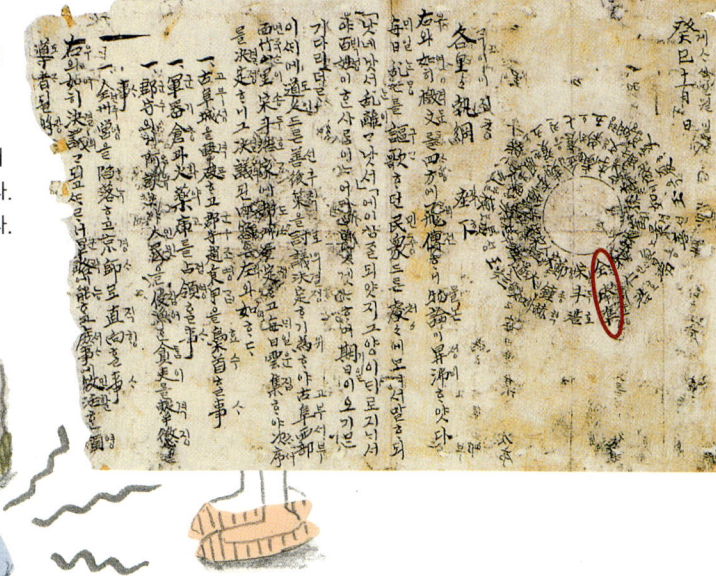

사발통문 전라도 고부에서 전봉준을 비롯한 동학 간부 20여 명이 농민 봉기를 약속하며 작성한 통문이다. 주동자가 누구인지 알 수 없도록 사발을 엎은 뒤 참가자의 이름을 빙 둘러 가며 적어서 사발통문이라고 했다. 오른쪽에 전봉준의 이름이 보인다.

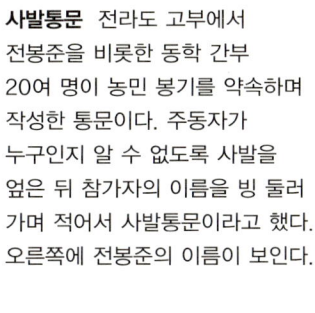

 이렇게 해서 고부 근처 백산에 모인 동학 농민의 수는 1만 명이 넘었어. 전봉준은 여기서 곧장 전주성으로 쳐들어가지 않고, 전라북도 일대를 휘돌며 농민들에게 봉기의 뜻을 알리고 더 많은 농민들을 봉기 대열에 합류시키기로 했지. 이즈음 농민들은 군대에 버금가는 무장과 규율을 갖추게 되었어.
 1894년 4월 백산을 출발한 농민군은 먼저 부안을 점령하고 이어서 정읍, 흥덕, 고창을 차례로 점령했어. 전봉준은 고창에 이르러 동학 농민이 봉기하게 된 뜻을 밝히는 창의문을 발표하고, 나아가 영광·함평·무안·장성 일대를 손에 넣었지. 이러한 여세를 몰아 드디어 4월 27일, 농민군은 전주성으로 들이닥쳐 점령했어.

【 개혁 정책을 직접 시행한 농민들 】

수만 명의 농민이 봉기하여 무장하고 전주성을 점령한 것은 엄청난 사건이었어. 이 소식이 알려지자 전국 곳곳에서 탐관오리의 수탈을 견디다 못한 농민과 동학 교도들이 봉기해 관아를 습격하는 일이 벌어졌어.

고종은 이러다가 큰일이 나겠다 싶어 홍계훈을 진압 사령관으로 삼아 전라도로 파견했지. 하지만 홍계훈이 이끄는 관군은 성난 농민군에게 패하고 말았어. 안 되겠다고 판단한 조정에서는 지난번 임오군란 때처럼 청나라에 군대를 보내 달라고 요청했어.

그런데 청나라 군대가 충청도 아산에 도착하자 일본과 외교 문제가 생겼어. 지난 갑신정변 때 일본과 청나라의 군대가 출동했는데, 당시 두 나라는 사태를 해결하는 과정에서 다음에 조선에 변란이 일어나 어느 한 나라가 군대를 보낼 때는 서로 알려 주기로 약속했거든. 그래서 청나라가 일방적으로 조선에 군대를 보내자 일본도 그 약속을 들어 군대를 출동시켰어.

농민군 진압에 나선 일본군 청나라가 조선에 군대를 보내자 일본도 군대를 출동시켜 농민군을 진압했다.

[동학 농민 운동]
동학 농민군은 고창, 함평, 장성 등을 돌며 탐관오리를 몰아낸 뒤 세를 모아 전주성을 점령했다. 전주성에서 정부와 협상을 맺고 해산한 농민군은 청·일 전쟁이 일어나자 일본을 몰아내기 위해 다시 봉기했지만, 우금치에서 크게 패하고 말았다.

　　전봉준은 사태가 뜻하지 않게 외국 군대의 출동을 불러오자 깊은 생각에 잠겼어. 생각 같아서는 이 기세로 한양까지 쳐들어가 나라를 바로잡고 싶었지만, 외국 군대를 우리 땅에서 내보내는 것이 먼저라는 판단이 들었지. 그래서 탐관오리를 몰아내고, 노비 제도를 없애고, 농민들에게 토지를 나누어 주라는 내용을 12조목에 담아 나라에 요구했어. 그리고 나라에서 12조목의 시정 개혁을 약속하면 봉기를 멈추겠다고 했지.

　　조정에서 농민들의 요구를 들어주기로 하자, 농민군은 해산하고 각자 고향으로 돌아갔어. 하지만 그것으로 끝난 것은 아니었어. 썩은 관리들에게 12개조 개혁안을 실천하는 일을 그대로 맡겨 둘 수 없었기 때문이야. 그래서 전봉준은 마을마다 농민 자치 기구인 집강소를 만들어 농민들 스스로 12개조 개혁안을 시행하는 데 앞장서게 했어.

폐정 개혁안 12개조

1. 동학 교도는 정부와 원한을 씻고 모든 행정에 협력한다.
2. 탐관오리가 저지른 죄를 조사하여 엄벌한다.
3. 횡포를 부린 부자들을 엄벌한다.
4. 불량한 유림과 양반들을 징벌한다.
5. 노비 문서를 불태운다.
6. 천인들의 대우를 개선하고, 백정이 쓰는 평량갓은 벗게 한다.
7. 젊은 과부의 재혼을 허락한다.
8. 잡세는 일절 거두지 않는다.
9. 관리 채용 시 지체와 문벌을 타파하고 인재를 뽑는다.
10. 왜적(일본)과 통하는 자는 엄벌한다.
11. 공채든 사채든 기왕의 것은 무효로 한다.
12. 토지는 균등히 나누어 경작하게 한다.

【 일본을 몰아내기 위해 다시 일어서다 】

전봉준이 이끄는 개혁이 순조롭게 진행되는가 싶더니 뜻하지 않은 곳에서 일이 터지고 말았어. 조선에서 청나라군과 일본군이 전쟁을 벌인 거야. 그때까지 조선 사람들은 청나라가 세상에서 가장 크고 강한 나라로 알고 있었어. 그런데 막상 전쟁이 벌어지고 보니 일본이 일방적으로 승리를 거두었어. 일본은 거기에 그치지 않고 조선에 강제로 친일 정부를 세웠어. 불행하게도 고종은 일본의 만행에 제대로 저항 한번 못했지.

전봉준은 이러한 사태를 보고 나라의 위기라고 생각했어. 그래서 다시금 농민군을 일으켜 일본을 몰아내고 나라를 구해야 한다고 결심했지. 1894년

9월 중순, 전봉준은 일본을 몰아내고 나라를 구하자는 깃발 아래 농민군 20만 명을 모아 다시 일어났어.

전봉준은 주력 부대를 이끌고 충청도 공주성을 공격했지만 점령에는 실패했어. 그리고 10월에 공주 부근의 우금치라는 고개에서 조선 관군과 일본군 연합 부대와 맞서게 되었어. 하지만 죽창으로 무장한 농민군이 최신식 총으로 무장한 일본군을 당해 낼 수는 없었지. 결국 농민군은 크게 패하고 말았어. 그때부터 농민군은 일본군에 밀려 후퇴하기 시작했어. 이 와중에 전봉준은 체포되어 한양으로 끌려갔지. 이듬해 전봉준은 다른 동학 지도자들과 함께 처형당했어. 그와 함께 동학 운동의 기세도 꺾여 버리고 말았어.

동학 농민 운동은 조선 백성들 스스로 나라를 바로잡고 외세를 물리치기 위해 들고일어난 큰 사건이었어. 비록 전투에서는 졌지만 그토록 치열하게 싸웠던 경험과 동학의 정신은 백성들 가슴속에 죽지 않고 살아남았지. 사람들은 "새야 새야 파랑새야, 녹두밭에 앉지 마라."라는 노래를 부르며 전봉준의 정신을 기렸단다.

동학 농민 혁명 100주년 기념탑 동학 농민 운동이 일어난 1894년을 기념하는 뜻에서 탑의 높이를 18.94미터로 세웠다. 탑 주변에는 전봉준, 김개남, 손화중의 동상이 서 있다. 전라북도 정읍 내장산 국립 공원 어귀에 있다.

키워드+ 청·일 전쟁

풋내기 일본, 대국 중국을 꺾다

　나라 안에서 동학 농민들이 봉기하여 나라의 개혁을 요구하고 있을 때 다른 한편에서는 청나라와 일본이 이 땅에서 전쟁을 벌였어. 두 나라는 왜 제 나라 땅을 놔두고 남의 나라 땅에서 전쟁을 벌인 걸까?

　동학 농민군이 전주성을 점령하고 전국 곳곳의 관아를 습격하자, 농민 봉기군을 진압할 힘이 없는 조선 정부는 청나라에 도움을 요청했어. 청나라 군사 3천여 명이 충청도 아산에 상륙해 동학 농민군을 진압할 태세를 갖추었지.

　그러자 일본은 갑신정변 이후 청나라와 맺은 조약에 따라 자기들도 조선에 군대를 출동시켰어. 이때 일본 정치가들에게는 다른 속셈이 있었지. 일본은 1860년대에 메이지 유신이라는 개혁 정책을 펼쳐 서양 문물을 적극 받아들이기 시작했어. 그러는 가운데 일본 정치가들은 일본을 비롯해 근대화에 뒤처진 나라들을 식민지로 삼으려 하는 서양 여러 나라의 속셈을 알아챘어. 그래서 일본도 서양과 대등한 강대국이 되려면 세계로 뻗어 나가 다른 나라를 식민지로 삼아야 한다고 생각했지.

　일본 정치가들이 생각한 첫 번째 식민지 대상이 바로 조선이었어. 그런데 조선을 차지하는 데 가장 큰 걸림돌이 청나라였어. 중국의 역대 왕조는 오랜 세월에 걸쳐 조선의 조공을 받으며 조선을 신하 나라로 여겨 왔기 때문에 일본이 조선을 차지하는 것을 용납하지 않을 태세

인천에 상륙한 일본군 동학 농민군을 진압하기 위해 청나라 군대가 조선에 들어오자
일본도 군대를 인천에 상륙시켰다. 인천 제물포에 부려진 일본의 군수품이 보이는데,
왼쪽 가운데에 탄약이 쌓여 있다.

황해 해전 일본 해군 연합 함대와 청나라 북양 함대 사이에 벌어진 해전이다. 이 해전에서 패한 청나라 해군은 큰 손실을 입고 제해권을 잃었다. 일본의 시각으로 그린 그림이다.

였거든. 1876년 강화도 조약을 맺을 때 일본이 첫째 조항에 '조선은 자주 독립국'이라는 말을 넣은 이유도 사실은 청나라가 조선에 간섭하지 못하도록 쐐기를 박아 두기 위한 것이었지.

이처럼 일본 정치인들은 조선을 차지하려면 언젠가는 청나라와 대결할 수밖에 없다고 보았어. 그래서 군함과 무기 따위를 열심히 만들며 전쟁을 준비해 왔지. 그러던 중 조선에서 동학 농민 운동이 일어나 청나라 군대가 출동하자, 드디어 기다리던 때가 왔다고 판단한 거야.

조선에 출동한 일본군은 청나라에 군대를 철수하라고 요구했어. 청나라로서는 그런 요구를 들어줄 수 없었지. 결국 전쟁이 벌어져 두 나라 군대는 경기도 성환에서 처음으로 맞붙었어. 이 전투에서 뜻밖에 일본군이 크게 승리했어. 청나라 군대는 일단 평양으로 후퇴한 뒤 본국에서 병력을 더 지원받아 반격에 나섰어. 하지만 일본도 본국에서 지원군을 받아 물밀듯이 평양으로 진격해 청나라군을 무찔렀지.

일본은 여기에서 그치지 않았어. 그동안 열심히 만든 군함을 앞세워 황해에서 청나라 해군과 맞붙었지. 막강한 함대로 알려졌던 청나라의 북양 함대는 무참하게 패했어. 일본군은 이 여세를 몰아서 청나라 영토인 랴오둥 반도에 상륙해 뤼순을 점령하고 주변 땅을 점령해 나갔어.

청나라는 이러다가 수도 베이징까지 점령당할지 모른다는 위기감을 느꼈어. 그래서 랴오둥 반도를 일본에 떼어 주는 조건으로 패배를 인정하고 전쟁을 끝내야 했지. 그동안 동아시아의 역사는 수천 년 동안 중국을 중심으로 흘러왔는데, 청·일 전쟁은 그 중심이 일본으로 이동하는 큰 전환점이 되었단다.

키워드 05 **갑오개혁**

더는 개혁을 늦출 수 없다

1894년에는 동학 농민 운동이 일어나고 청·일 전쟁이 벌어지는 등 나라가 혼란에 빠져 있었어. 하지만 이때에도 나라를 개혁하려는 노력은 계속되었지. 1894년이 갑오년이었기 때문에 이를 '갑오개혁'이라고 한단다.

【갑오개혁 정부가 들어서다】

동학 농민 운동은 사회 밑바닥에 있던 농민들이 스스로 일어나 나라를 개혁하려고 한 중대한 사건이었단다. 그러나 이 운동은 정부의 탄압을 받았고, 나아가 출동한 일본군에게 진압당하고 말았어. 이러한 상황을 숨죽여 지켜보고 있던 이들이 있었어. 바로 개화파 지식인들이었지.

초기 개화파인 김옥균, 박영효, 서광범 등은 1884년에 갑신정변을 일으켜 나라를 한순간에 개혁하려다가 그만 실패하고 말았지. 그 뒤 백성들은 개화파를 역적으로 여겨 그들에게 고운 눈길을 보내지 않았어. 그래서 개화파는 앞에 나서지 못한 채 정세를 지켜보고 있어야만 했어. 그렇지만 나라를 하루빨리 개화시켜 근대 국가로 바꾸어야 한다는 생각은 변함이 없었어.

그런데 갑신정변이 실패한 뒤 조선 정부는 청나라에 기대어 나라를 운영하고 있었어. 동학 농민 운동이 일어나 수습할 수 없게 되자, 군대를 동원해서 농민군을 진압해 달라고 청나라에 부탁하기까지 했지. 그러나 청나라 군대의 출동은 뜻하지 않게도 일본 군대의 출동을 불러왔고, 일본군은 경복궁을 점령한 뒤 국왕을 협박하여 일본과 친한 개화파 대신들로 정부를 새로 꾸렸어. 이것이 갑오개혁 정부란다.

일본 공사의 내정 간섭 일본 공사 오토리가 고종을 알현하는 장면이다. 오토리는 일본 본국의 지시에 따라 조선 정부를 개혁한다는 구실로 조선의 정치에 깊이 관여했다.

일본이 이런 비정상적인 짓을 한 데에는 나름의 이유가 있었어. 그 무렵 일본 정치인들 중에는 한반도가 일본을 향해 날을 세우고 있는 칼과 같다고 여기는 이들이 많았어. 만약 청나라나 다른 서양 나라가 조선을 차지하게 되면 일본에 큰 위험이 될 거라고 말이야. 그래서 그런 일이 벌어지기 전에 일본이 먼저 조선을 차지해야 한다고 생각하고 있었지.

【 개혁에 나선 개화파들 】

이렇게 일본의 입김에 의해 만들어진 갑오개혁 정부는 김홍집을 우두머리로 하고 그 아래에 박정양, 김윤식, 어윤중, 유길준 같은 젊은 개화파 지식인들이 들어가 일하게 되었어. 그러면 이때 개화파 지식인들은 일본을 어떻게 생각하고 있었을까?

그들은 대부분 일본과 유럽 또는 미국을 둘러보고 그 나라들이 어떻게 개화 정책을 펴고 있는지 두 눈으로 직접 본 이들이었어. 조선도 하루빨리 그

나라들과 어깨를 나란히 해야 한다고 생각하고 있었지. 그런데 나라 안을 살펴보면 관리들은 백성을 못살게 굴고만 있고 결국 농민들이 들고일어나는 난리가 벌어지고 있었어. 답답한 현실이었지.

그런 개화파 지식인들이 보기에 일본은 구세주와 같았어. 비록 일본이 우리나라에 제멋대로 군대를 출동시키고 궁궐을 습격한 것은 올바른 일이 아니지만, 그렇게 해서라도 자신들이 정부에 들어갈 기회를 잡아 개화 정책을 펼 수 있게 된 것은 다행이라고 여겼던 거야.

이들 개화파 지식인으로 이루어진 갑오개혁 정부는 열심히 개화 정책을 펴기 시작했어. 그들이 일본과 서구에서 본 경험에 따르면 개화 정책의 첫 단계는 국왕의 권한을 줄이는 것이었어. 그 무렵 미국과 프랑스는 이미 왕을 몰아내고 시민들이 스스로 대표자를 뽑는 공화제 정치를 실시하고 있었

김홍집과 군국기무처의 회의 모습
김홍집은 1894년 총리 대신이 되어 갑오개혁을 주도했다. 군국기무처는 갑오개혁 당시 최고의 정책 의결 결정 기관으로, 김홍집을 총재로 하여 17명의 위원이 참가한 회의 기구였다.

일본 제국 의회 1889년에 발포한 일본 제국 헌법에 따라 설치한 일본의 국회 모습이다. 서구의 제도를 도입하여 이루어진 제국 의회는 건물부터 의원의 복장에 이르기까지 모두 서양식이었다.

어. 반면 영국과 일본은 왕은 그대로 두되 권한을 크게 줄이고, 실제 정치는 시민들이 뽑은 의원들이 담당하는 제도를 만들었어. 이런 제도를 '입헌 군주제'라고 해.

갑오개혁 정부는 입헌 군주제를 모범으로 삼아 왕실에 관련된 일만 따로 담당하는 궁내부를 만들고, 일반 행정은 의정부에서 맡기로 했어. 이전에는 왕실의 일과 나라를 다스리는 일이 구분되지 않았기 때문에 국왕이 제멋대로 다스릴 수 있었거든. 의정부 아래에는 외부·내부·탁지부·군부·법부·학부·농상공부를 두어 각 부의 대신이 책임감을 갖고 일을 처리하게 했어. 이것은 오늘날 우리 행정부와 거의 비슷한 구조란다.

개화 정책의 또 한 가지 핵심은 신분 제도를 없애는 것이었어. 이제까지는 사람을 양반과 상민으로 구분했고, 양반은 다시 문반과 무반으로, 상민은 농민·수공업자·상인으로 나누어 차별했지. 상민 신분에도 들지 못하는 노비도 있었고 말이야. 개화파는 이런 신분 제도를 모두 없애고 앞으로는

똑같은 인간으로 대우한다고 발표했어. 그리고 과거 제도도 폐지하여 신분에 관계없이 능력이 뛰어난 인재를 뽑아 관리로 임명한다고 밝혔지.

갑오개혁 정부는 이 밖에도 나라를 근대 국가로 바꾸는 여러 정책을 빠르게 펼쳐 나갔어.

【 일본의 속셈 】

일본도 일본인 고문관들을 조선 정부에 직접 보내 갑오개혁이 성공할 수 있도록 도왔어. 일본이 그렇게 한 이유는 조선을 일본의 영향력 아래에 두려는 속셈이 있었기 때문이야. 게다가 몇몇 일본 정치인들은 앞으로 일본이 조선을 보호국으로 삼아 다스려야 한다는 생각까지 하고 있었거든. 그러기 위해서는 조선의 제도가 일본의 제도와 더욱 비슷해져야 했지.

이처럼 일본이 조선을 도운 건 진심으로 조선을 위한 마음에서 우러나온 것이 아니었어. 그것은 그들이 조선에 가르쳐 준 개화가 일본의 개화와 근본적인 점에서 차이가 난다는 사실에서도 알 수 있지.

일본의 제국 헌법 발포식 일본의 메이지 천황이 내각 총리대신에게 제국 헌법을 하사하는 장면을 그린 그림이다. 일본 제국 헌법은 근대화의 상징이었다.

사실 개화의 근본은 군주(왕)가 다스리는 군주제를 민(백성)이 주인이 되는 민주제로 바꾸는 데 있었어. 그래서 일본에서도 백성들이 대표를 뽑아 의회를 만들고 있었지. 의회에서 헌법을 만들고 헌법에 따라 나라가 운영되도록 말이야. 그런데 일본은 조선에 그런 근본적인 개화 정책은 가르쳐 주지 않았단다.

갑오개혁 정부의 개화파도 서구에서 의회 민주주의를 시행하고 있다는 사실을 알고는 있었지만 그것을 조선에 받아들일 생각은 없었어. 민이 주인이 되는 것보다 자기들이 앞장서서 개화 정책을 펼치는 것으로 충분하다고 본 거야.

그러나 근본이 허약한 개화는 성공하지 못한다는 사실을 개화파는 모르고 있었어. 갑오개혁은 좀처럼 뿌리를 내리지 못하고 휘청거리기만 했지. 게다가 그 앞날에는 엄청난 역사의 폭풍이 기다리고 있었어.

키워드 06 　근대 문물

밝고 빠르게 바뀐 일상생활

강화도 조약 이후 조선의 정국은 개화파와 척사파가 대립하면서 혼란을 거듭했어. 그런 와중에도 서양의 근대 문물이 발 빠르게 들어와 보통 사람들의 생활을 크게 바꾸어 놓았단다. 대표적인 것이 전기로 작동하는 전구, 전신, 전차였어. 처음 보는 사진기와 기차도 사람들의 관심을 크게 끌었지.

【 건달불로 시작된 전구의 생활화 】

우리나라에 전깃불이 처음 켜진 날은 1887년 3월 6일 저녁이었어. 장소는 궁궐인 경복궁이었지. 밤을 대낮같이 밝힌 전등불을 보고 고종과 왕비 민씨는 물론 궁궐 사람들 모두 탄성을 질렀어. 그동안 밤을 밝히는 건 희미한 촛불이나 횃불 정도였으니 그 차이는 엄청났겠지. 이때는 에디슨이 백열전등을 발명한 지 7년밖에 안 됐을 때니까 우리나라에 무척 일찍 들어온 셈이야. 그만큼 고종은 근대 문물을 받아들이는 데 적극적이었어.

전기 시등도 1887년 경복궁 후원의 건청궁에 처음으로 전등불이 켜진 상황을 그린 상상화이다.

발전기는 경복궁 후원에 있는 향원정 연못가에 세웠는데, 미국의 에디슨 회사에서 직접 수입한 것이었어. 발전기는 석탄을 연료로 해서 향원정 연못 물을 끌어다 끓여 그 증기로 터빈을 돌려 전기를 얻는 방식이었어. 그때 발전기 돌아가는 소리가 어찌나 우렁차던지 마치 천둥이 치는 것 같았다고 해.

그런데 발전기를 계속 돌리다 보니 연못 물이 따뜻해져서 물고기가 떼죽음을 당하기도 했어. 그래서 궁궐에서는 전등을 가리켜 물고기를 끓인다는 뜻인 '증어(蒸魚)'라고 부르기도 했단다. 성능이 아직 완전하지 못한 탓에 전등불이 자주 꺼지기도 했어. 그에 비해 비용은 많이 들어갔지. 전등불이 제멋대로 들어왔다 나갔다 하는 꼴이 꼭 건달 같다 해서 우스갯소리로 '건달불'이라고 부르기도 했다는구나.

하지만 머지않아 종로 거리에도 전기 가로등이 켜져서 밤길을 환하게 밝혀 주었지. 이제 서울을 중심으로 한 도시 사람들은 점차 해가 져도 활동을 멈추지 않는 생활 습관을 갖게 되었단다.

【 김구의 목숨을 살린 전화 】

전기로 작동하는 또 하나의 신기한 물건은 전신이었어. 전신은 편지 대신 전기 신호로 소식을 주고받는 장치야. 그러니 전통 시대의 조선 사람들에게 얼마나 신기한 장치였겠니.

전신은 1885년 서울과 인천 사이에 맨 처음 설치됐어. 이때는 임오군란과 갑신정변을 거치면서 한반도에서 일본이 후퇴하고 청나라의 입김이 강했던 시기였지. 그러다 보니 전신 설치도 자연히 청나라가 주도했단다. 청나라는 자기 나라와 조선 사이의 전신을 무엇보다 중요하게 여겨 인천-서울-의주를 잇는 전신 선로를 놓았어. 조선의 관리들은 '전신이 붓을 대신하고 전기 빛이 편지를 대신하는' 것을 보고 마냥 신기해했지.

부산 우체사의 전보 배달원
1884년 우정국이 개설된 이후 전국에 우체사와 전보사가 설치되었다. 부산 우체사 앞에 선 전보 배달원의 모습이다.

전신기 근대 초기의 전신기는 1885년 9월 서울과 인천 사이에 최초로 전선이 가설되면서 사용되었다.

시골에 사는 노인들은 전신의 원리를 이해하지 못해 웃기는 일이 많이 벌어졌다고 해. 어떤 할아버지는 서울로 유학 간 아들에게 우편으로 생활비를 보내 주곤 했는데, 때마침 새 구두를 사서 보내려던 참이었어. 그 할아버지는 전신이 구두도 보내 줄지 모른다며 구두를 전봇대에 묶어 났다고 하는구나. 물론 이 이야기는 사실이 아니라 사람들이 지어낸 것이겠지만, 그만큼 전신을 사람들이 얼마나 신기하게 여겼는지 알 수 있지.

전신에 이어 전화도 놓였어. 사람들은 수화기 속에서 사람 목소리가 들리는 것이 신기해 그 안에 진짜 사람이 들어 있는 줄 알았다고 해. 전화와 관련해서는 독립운동가 김구가 자신이 쓴 『백범일지』에서 재미있는 일화를 전해 주고 있단다.

1895년 왕비 민씨가 일본 사람들에게 시해당하는 엄청난 사건이 일어났어. 한 나라의 어머니인 왕비가 일본 자객들의 칼에 잔인하게 죽

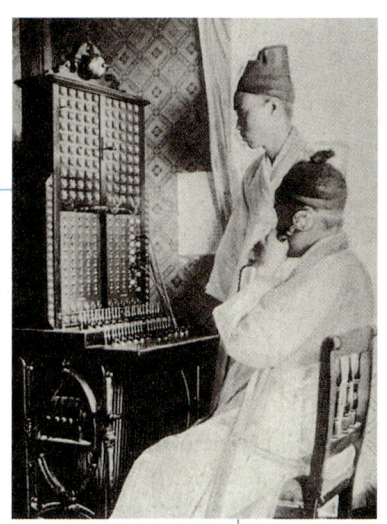

전화 교환원 전화를 걸어 교환원을 부르면, 교환원이 상대방을 호출하여 통화가 이루어졌다.

음을 당하는 사건이 일어났으니 온 나라가 깊은 슬픔과 일본을 향한 분노에 휩싸였지. 당시 청년이었던 김구 또한 왕비의 원수를 갚겠다며 늘 일본 사람에게 적개심을 품고 다녔다고 해. 그러던 중 그 이듬해 황해도의 한 주막집에서 일본 군인으로 보이는 사람과 마주쳤어.

김구는 왕비 시해에 대한 복수로 그 사람을 살해했어. 그리고 체포되어 인천으로 압송되었고, 살인범으로 사형을 선고받았지. 그런데 사형이 집행되기 직전, 서울에서 사형 집행을 중지하라는 국왕의 특사가 전화로 전달되었어. 김구는 죽음 직전에 살아났지.

그때만 해도 서울에서 인천은 말을 타고 한나절을 가야 하는 거리였어. 만약 전화가 없었다면 김구는 특사 소식이 닿기 전에 사형당해 죽었을지도 몰라. 그러니 전화가 김구의 목숨을 살렸다고 봐야겠지.

그 뒤 1902년에는 서울과 인천 사이에 공중전화가 개설되었고, 뒤이어 전화망이 전국으로 연결되어 보통 사람들도 전화로 소식을 주고받을 수 있게 되었어.

【 사람 죽이는 전차 】

전기로 작동하는 또 하나의 명물은 전차였단다. 1899년 서울 서대문에서 청량리 사이에 전차가 놓였어. 미국 사람 콜브란이 고종에게 왕비의 묘인 홍릉까지 행차하는 데 편리하다고 설득하여 설치 허가를 받았다고 해.

전차가 개통되자 많은 사람들이 몰려들어 전차를 타려고 해서 큰 혼잡을 빚기도 했대. 하지만 사람들은 아직 교통 질서에 대한 인식이 없었어. 그래서 교통사고에 대한 대비책도 채 마련되어 있지 않았지. 그때는 전차가 지금의 지하철과는 달리 시내 한복판을 달렸단다.

마침내 종로에서 다섯 살짜리 아이가 전차에 치여 죽는 사고가 일어났어. 그러자 아이의 아버지는 복수하겠다며 도끼를 들고 전차에 달려들었다는구나. 그즈음 사람들 사이에서는 공중에 가설된 전깃줄에서 전력을 공급받는

전차 1900년경 서울의 종로 거리를 달리고 있는 전차의 모습이다. 개통 당시의 전차는 정거장이 따로 없고 어디서나 손님이 손을 흔들면 세워서 태워 주었다.

전차 때문에 하늘이 영향을 받아서 가뭄이 든다는 소문이 퍼져 있었어. 그래서 수많은 사람들이 아이 아버지와 함께 전차를 공격해 부숴 버렸단다.

그렇지만 이런 미신도 전차의 편리함이 알려지면서 점차 사라졌어. 오히려 지방에 사는 사람들이 전차를 타 보려고 서울 나들이를 할 만큼 큰 인기를 끌게 되었지. 당시 세계의 대도시에는 대부분 이런 전차가 놓였고, 지금까지 운영되고 있는 곳도 많아. 우리나라는 서울을 재개발하면서 자동차 교통에 방해가 된다며 1968년에 철거해 버렸단다.

【바람같이 달리는 철마】

교통 기관 가운데 사람들의 생활에 큰 영향을 끼친 것은 철도와 기차였어. 맨 처음 놓인 철도는 서울 노량진에서 인천 제물포까지를 잇는 경인선 철도였지. 이때가 1899년이란다. 이듬해에는 한강 철교가 완공되면서 남대문역(지금의 서울역)까지 연장되었어.

기차를 처음 타 본 사람들은 속도가 빨라 차창 밖으로 경치가 휙휙 지나가는 걸 보고 정신이 나갈 정도였다고 해. 하지만 걸어서 꼬박 하루가 걸리던 서울과 인천 사이를 2시간 만에 갈 수 있는 편리성 때문에 기차는 곧 없어서는 안 될 중요한 교통수단이 되었지.

경인선은 미국 회사가 맡아서 공사를 했지만, 그 뒤에는 일본 회사가 철도 부설권을 얻어 경부선, 경의선, 경원선, 호남선을 개통했어. 이 노선은 일본이 자기 나라에서 출발해 한반도를 거쳐 중국 만주로 진출하려는 계획에 따라 놓은 거야.

경부선 기차에서 내리는 사람들

세계를 향해 문을 열다 55

근대 문물

정부가 주도적으로 개화 정책을 펴면서 근대 문물이 빠르게 밀려들었다.
처음에는 반발하던 양반들도 점차 서양 문명의 우수성을 인정하고 받아들이게 되었다.

교과서와 만년필 근대 교육이 시작되면서 학생들은 먹과 붓보다 편리한 잉크와 만년필을 사용했고, 유교 경전을 공부하던 것과 달리 근대식 교과서로 배웠다.

배재 학당 1885년 미국인 선교사 아펜젤러가 세운 최초의 근대식 사립 학교이다. 지금의 배재 중·고등학교의 전신이다.

광혜원 우리나라 최초의 서양식 병원으로, 1885년 고종이 미국인 선교사 알렌의 건의를 받아들여 서울 재동에 세웠다. 나중에 이름을 제중원으로 바꾸었다.

의료 기기 알렌이 사용했던 검안경과 의료 기구, 약잔, 맥박 측정용 시계이다.

체전부 우리나라 최초의 우편배달부이다. 당시 우편배달부는 '체전부' 또는 '체대감'이라고 불렀다.

근대의 우표 최초의 우표는 1884년 우정국에서 발행했다. 대한 제국 시기에 발행한 우표들이다.

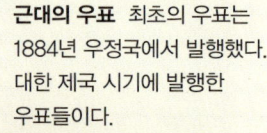

한성순보 최초의 근대 신문으로 1883년 창간했다. 열흘마다 한 번씩 발행했으며, 한문을 사용했다. 외국의 사정을 알리고 개화 사상을 보급하는 데 중요한 역할을 했다.

철도 신호등 1899년 서울에서 인천을 잇는 경인선 철도가 처음 개통되었다. 철도 신호등은 일제 강점기에 사용된 유물이다.

경인선 개통 당시의 승차권

정동 교회 1897년에 완공한 현대식 건물로, 우리나라 최초의 감리교 교회당이다. 서울 정동에 있다.

벽걸이 자석식 전화기 초기의 전화기는 전화를 거는 사람이 전화기 옆의 손잡이를 돌려 교환원을 부르면, 교환원이 원하는 사람에게 접속시켜 주는 방식이었다.

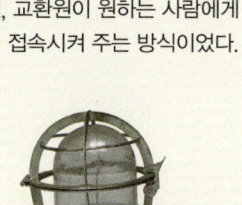

큰 전구와 작은 전구

축음기 노래하는 사람이 없는데도 노래를 들을 수 있는 축음기는 신기하고 귀한 물건이었다.

대형 카메라 초기에는 사진에 찍히면 혼령이 달아난다고 믿는 사람들이 많았다. 잠깐 사이에 화가가 그린 초상화보다 훨씬 사실적인 그림이 나온다는 게 그만큼 놀라운 일이었기 때문이다.

영화 필름 영화를 촬영한 필름으로 1920년대의 유물이다.

영사기 극장에서 큰 화면에 펼쳐지는 활동사진을 보는 것은 당시 사람들에게 놀랍고 신기한 체험이었다. 촬영한 필름을 현상해서 편집하는 영사기로, 1920년대에 사용된 것이다.

2 기우는 나라의 운명

개화파와 척사파가 서로 싸운 끝에 개화파가 나라를 이끌 주도권을 쥐었어. 그러나 그들이 개화 정책을 제대로 펼치기도 전에 일본이 한국을 차지하려는 욕심을 드러냈어. 개화파는 일본의 이러한 속셈을 알아차리지 못하고 오히려 일본의 도움을 얻으려고만 했지. 그들은 점차 친일파가 되어 일본의 앞잡이 노릇을 하기 시작했어. 마침내 일본은 친일 개화파를 앞세워 한국을 식민지로 삼고 말았단다.

키워드 07　**을미사변과 아관 파천**

일본, 조선의 왕비를 살해하다

만약 오늘날 일본 군인과 폭력배들이 우리나라 청와대를 습격해서 대통령의 부인을 죽이면 어떻게 될까? 그런 일은 상상조차 할 수 없을 거야. 도저히 일어날 수 없는 일이니까. 하지만 1895년에는 그런 일이 실제로 일어났단다. 일본 군인과 폭력배들이 경복궁을 습격해 조선의 왕비를 살해한 거야. 어떻게 그런 일이 일어날 수 있었던 걸까?

【 청·일 전쟁에서 승리한 기쁨도 잠시뿐 】

청·일 전쟁에서 승리한 일본은 기세가 등등해졌어. 아시아를 호령하던 대국 청나라를 무릎 꿇리고 청나라와 맺은 시모노세키 조약에 따라 청나라 땅인 랴오둥 반도와 타이완까지 차지했으니 말이야. 이런 기세에 힘입어 일본은 조선의 정부를 친일파로 꾸려 일본과 비슷한 개화 정책을 펼치게 했어. 머지않아 조선 땅마저 집어삼킬 생각이었지.

하지만 상황은 일본의 뜻대로 흘러가지 않았어. 뜻밖의 걸림돌이

시모노세키 조약 체결 모습
청·일 전쟁에서 이긴 일본은 청나라 대표와 일본의 시모노세키에서 강화 조약을 맺었다. 이 조약에 따라 일본은 청나라에서 거액의 배상금을 받고 랴오둥 반도, 타이완 등을 얻었다.

여기저기에서 튀어나왔거든. 우선 일본이 청나라의 랴오둥 반도를 차지하고 만주까지 넘보자 진작부터 만주에 관심을 두고 있던 러시아가 딴죽을 걸고 나왔어. 당시 러시아는 영국, 프랑스, 독일과 함께 유럽의 강대국이었어. 그런데 나라가 북쪽에 자리 잡고 있어서 겨울에는 바다마저 다 얼어붙어 배가 다닐 수 없게 되는 거야. 그래서 러시아는 겨울에도 바다가 얼지 않는 남쪽 땅을 얻기 위해 노력해 왔어. 남쪽 땅 중에서도 중국의 만주와 랴오둥 반도에 눈독을 들이고 있었지. 그런데 그곳을 일본이 차지해 버렸으니 가만있을 수 없었던 거야.

한편 그 무렵에는 러시아뿐만 아니라 유럽의 여러 나라가 서로 앞다투어 중국으로 몰려들고 있었어. 청나라가 생각보다 약한 나라라는 것을 알아챘기 때문이야. 그래서 러시아는 유럽 나라들에게 말했어. 유럽 강대국도 아닌 아시아의 작은 나라 일본이 감히 중국 땅을 차지하게 할 수는 없다고 말이야. 특히 중국에 관심을 보이고 있던 프랑스와 독일을 집중적으로 설득했지. 결국 러시아, 프랑스, 독일 세 나라가 한목소리로 일본에게 랴오둥 반도를 청나라에 돌려주라고 요구했어.

일본은 어쩔 수 없이 랴오둥 반도를 내놓아야만 했어. 유럽의 강대국들이 몰아붙이는 데에야 당해 낼 재간이 없었거든. 이 사건을 '삼국 간섭'이라고 한단다.

【 왕비 민씨, 러시아에 손을 내밀다 】

한편 고종과 왕비 민씨는 한반도 주변의 정세 변화를 주의 깊게 바라보고 있었어. 강력한 정치 세력을 형성하고 있던 왕비 민씨는 청·일 전쟁 전까지만 해도 청나라에 기대어 권력을 유지하려고 했어. 하지만 일본이 청·일 전쟁에서 이기는 바람에 곤란한 처지가 되고 말았지.

그런데 러시아, 프랑스, 독일의 삼국 간섭으로 일본의 기세가 꺾이는 것을 본 왕비 민씨 세력은 삼국 간섭을 이끈 러시아에 기대야겠다고 생각했어. 앞으로 한반도에서 러시아의 영향력이 커질 것으로 믿은 거야.

상황이 이렇게 돌아가자 일본은 초조해졌어. 청·일 전쟁에서 청나라를 누르고 단번에 아시아의 강대국으로 떠오르려던 찰나에 러시아라는 뜻밖의 경쟁 상대가 나타났으니 말이야. 더구나 자기들이 공들여 온 조선마저 러시아의 손아귀로 넘어갈 조짐이 보였어.

일본은 어떻게든 불리한 상황을 타파해야 한다고 생각하고 수완이 좋은 미우라를 조선 주재 공사로 파견했단다. 조선에 온 미우라는 조선의 정치 상황을 꼼꼼하게 살폈어. 그 결과 왕비 민씨와 고종의 아버지 흥선 대원군 사이가 좋지 않다는 사실을 알게 되었지. 그래서 권력에서 쫓겨나 있던 흥선 대원군을 앞세워 왕비 민씨를 없애기로 했어. 물론 흥선 대원군에게서는 권력을 잡게 해 주는 대가로 일본의 말을 잘 듣겠다는 약속을 받아 냈지. 흥선 대원군은 일찍이 일본식 개화 정책에 강력하게 반대해 왔어. 그런데 눈엣가시 같은 며느리를 권좌에서 끌어내리기 위해 자신의 소신을 헌신짝 버리듯 버린 거야.

【 일본 폭력배의 칼에 쓰러진 왕비 민씨 】

이러한 과정을 거쳐 1895년 10월 8일이 다가왔어. 미우라 공사는 일본 교관에게 훈련받은 조선 군대를 선발대로 삼아 출동 준비를 시켜 두었어. 그 일행 속에는 칼을 쓸 줄 아는 일본 폭력배들을 숨겨 두었지. 미우라는 그들에게 특별한 명령을 내렸어. 바로 왕비 민씨를 살해하라는 비밀 명령이었단다.

이날 새벽, 예정대로 흥선 대원군을 앞세운 조선 군대가 궁궐에 침입해 국왕과 왕비가 머무는 침소로 들이닥쳤어. 고종은 아버지를 앞세운 군인들

앞에서 어쩔 줄을 몰라 했지. 그러는 사이에 일본 폭력배들은 왕비의 침소를 습격해 왕비 민씨를 살해했어. 시신은 침소 근처의 숲으로 옮긴 뒤 석유를 뿌려 불태웠고. 이 끔찍한 사건이 을미년(1895년)에 일어났다고 해서 '을미사변'이라고 한단다.

날이 밝자 이날 있었던 일들이 사람들 사이에 알려지기 시작했어. 처음에는 왕비가 멀리 피신했을 거라고 믿는 사람들도 있었지만, 나중에는 일본 사람들이 몹쓸 짓을 저질렀다는 사실을 알게 되었지.

일본은 왕비 민씨가 제거되자 친일파로 가득 채운 내각을 고종에게 강요하여 조선의 정세를 다시 일본에 유리한 쪽으로 바꾸었어. 그런데 이는 오래가지 못했어. 먼저 조선에 관심을 갖고 있던 주변 나라들이 일본의 만행을 비판했지. 무엇보다도 조선 사람들이 일본과 친일파에게 격렬한 반대 감정을 쏟아 냈어.

왕비 민씨 시해 사건이 일본이 미리 계획해서 저지른 일인지, 미우라 공사가 공을 세우려고 혼자 저지른 일인지 확실하게 밝혀지지는 않았어. 그렇지만 최소한 미우라 공사가 일본의 이익을 위해 일을 계획했고, 일본 정부는 비록 나중에 알았더라도 그것을 이용하려고 한 것만큼은 사

명성 황후 장례 행렬 왕비 민씨의 장례는 시해당한 뒤 2년이 지나서 치러졌다. 고종이 1897년 대한 제국을 선포한 뒤 왕비 민씨에게 '명성'이라는 시호를 붙이고 '황후의 예'로 국장을 치른 것이다.

기우는 나라의 운명

명성 황후 순국 숭모비
명성 황후의 순국을 애도하기 위해 세운 비이다. 원래는 명성 황후가 시해당한 경복궁 건청궁에 세웠던 것을 나중에 경기도 여주의 명성 황후 생가 맞은편으로 옮겼다.

실이야. 세계 여러 나라에서 비난이 빗발치자 슬그머니 꼬리를 내렸지만 말이야. 일본은 미우라 공사를 비롯해 왕비 시해에 관련된 40여 명을 체포해 재판을 해 놓고도 모두 무죄로 석방하는 것으로 이 사건을 매듭지었단다.

【 러시아 공사관으로 피신한 고종 】

궁궐 안에서 아내가 살해당하는 끔찍한 일을 겪은 고종은 두려움에 떨며 지내야 했어. 고종은 음식도 궁궐 밖에 특별히 지정한 곳에서 만들어 궁궐로 들여오게 했어. 심지어 음식을 함에 넣어 자물쇠로 잠근 뒤 가져오게 할 정도였지. 주변을 지키는 호위 병사들마저 믿을 수 없어 밤에는 미국인 알렌을 비롯해 서울에 주재하는 외교관들을 불러 지켜 달라고 부탁했다는구나.

그러나 고종의 두려움은 사라지지 않았어. 자신도 언제 왕비와 똑같은 신세가 될지 모르는 일이었거든. 고종은 생각 끝에 러시아의 힘을 빌리기로 했어. 일본을 막아 줄 강대국은 러시아밖에 없다고 생각한 거야. 때마침 러시아 공사 베베르가 고종에게 접근해 왔어.

고종과 베베르 공사는 비밀스러운 일을 꾸몄는데, 1896년 2월 11일 날이

러시아 공사관 을미사변 뒤 신변에 위험을 느낀 고종은 러시아 공사관으로 피신해 러시아의 보호를 받았다.

고종의 거처 러시아 공사관에 마련된 고종의 방이다. 고종은 1897년 2월 경운궁으로 거처를 옮길 때까지 이곳을 침전 겸 집무실로 사용했다.

밝자 그게 무엇인지 밝혀졌어. 이날 아침 일찍 궁녀들이 타는 가마에 몸을 숨긴 고종과 왕자가 궁궐을 빠져나와 러시아 공사관으로 거처를 옮긴 거야. 이를 '아관 파천'이라고 해.

　러시아 공사관에 도착한 고종은 먼저 왕비를 시해한 범인을 모두 잡아들이라고 명령했어. 그러자 그동안 울분에 싸여 있던 사람들이 친일파 내각을 습격했어. 이 과정에서 친일파 내각을 이끌던 김홍집, 어윤중이 살해당하고 유길준 등은 일본으로 몸을 피해야 했지.

　고종은 뒤이어 친러파 관료들로 이루어진 새 내각을 발표하고 국민들에게 개혁 정책을 꾸준히 펴 나가겠다고 약속했어. 정세가 이렇게 바뀌자 일본은 다시 한 번 큰 낭패를 보았지. 청·일 전쟁에서 승리한 뒤 대륙으로 진출하려던 꿈은 산산이 깨지고 한반도에서도 쫓겨날 처지가 되고 만 거야. 일본은 어금니를 악물고 두고 보자며 별렀어. 그 대상은 다름 아닌 러시아였지. 일본은 이때부터 러시아를 향한 복수의 칼날을 갈기 시작했단다.

기우는 나라의 운명

키워드+ 명성 황후

외교의 귀재인가, 권력의 화신인가

명성 황후는 고종의 비를 가리키는 칭호란다. 살아 있을 때 부르던 이름은 아니었어. 원래 역사책에 나오는 왕이나 왕비의 이름은 모두 죽은 다음에 붙여진 거야. 살아 있을 때 이룬 업적을 기려 죽은 후에 붙이는 이런 호칭을 '시호'라고 해. 그러니까 고종도 명성 황후도 다 시호인 거지.

그러면 국왕이나 왕비가 살아 있을 때는 뭐라고 불렀을까? 그냥 국왕 전하, 왕비 마마라고 불렀어. 국왕의 이름은 함부로 부를 수 없었단다. 그러나 왕비의 경우는 조금 달랐어. 국왕보다는 격이 낮은 데다, 조선 시대의 국왕은 모두 이씨였지만 왕비는 성씨가 달랐기 때문에 성씨를 붙여서 부르기도 했어.

명성 황후도 살아 있을 때는 민 왕비 또는 왕비 민씨라고 불리다가, 죽은 뒤에 명성이라는 시호가 붙은 거지. 그런데 왕후가 아니라 황후가 된 것은 고종이 민 왕후가 죽은 지 2년 뒤인 1897년에 조선을 대한 제국으로 바꾸고 스스로를 황제로 승격시켰기 때문이야. 민 왕후는 이미 죽었지만 어차피 시호는 죽은 뒤에 붙이는 것이므로 자연스럽게 '황제의 비'라는 뜻에서 명성 황후라 부르기로 한 거지.

일찍이 철종이 죽었을 때 그 뒤를 고종이 이을 거라고 생각한 사람은 아무도 없었어. 고종은 왕자도 아니고 철종과 가까운 친척도 아닌 데다, 나이도 열두 살밖에 안 되었기 때문이야. 고종이 왕이 될 수 있었던 것은 순전히 아버지 흥선 대원군이 활약한 덕분이었어. 고종이 왕이 되어서도 나이가 어렸기 때문에 나랏일은 흥선 대원군이 도맡아 처리했단다.

흥선 대원군은 그동안 왕실이 왕의 처가 쪽인 외척 세력에게 휘둘리는 모습을 많이 봐 왔기 때문에 고종의 비는 정치와 거리가 먼 소박한 집안에서 들여야 한다고 생각했어. 그래서 선택된 가문이 바로 여흥 민씨였지. 명성 황후는 고종보다 한 살 위인 열여섯 꽃다운 나이에 왕비로 뽑혀 궁궐로 들어갔단다.

고종이 어느덧 스무 살을 넘자 명성 황후는 생각에 잠겼어. 이제는 남편인 고종이 직접 나라를 다스릴 때가 되었는데도 흥선 대원군이 권한을 넘겨줄 기미가 보이지 않아 마음에 걸렸던 거야.

명성 황후 영정

때마침 일부 유학자들도 흥선 대원군에게 권력을 국왕인 고종에게 넘기라고 상소를 올렸어. 명성 황후는 이 틈을 타 고종에게 직접 왕권을 행사하겠다고 선언할 것을 조언했어. 그러자 흥선 대원군은 어쩔 수 없이 권력에서 물러나야 했지.

고종이 직접 나라를 다스리게 되자 명성 황후는 친정인 민씨 가문 사람들을 궁궐로 불러들여 높은 자리에 앉히기 시작했어. 명성 황후는 조선이 나아갈 길은 발달한 서양 문물을 받아들이는 것이라고 생각했어. 그래서 개화파에게 나랏일을 맡기기도 했지. 이는 흥선 대원군의 처지에서 보면 자신이 추구했던 쇄국 정책과 정반대로 나아가는 것이었어.

명성 황후가 조정에 끌어들인 개화파 중에는 일본과 가까이 지내는 이들이 많았어. 그러나 명성 황후는 이들이 갑신정변을 일으키는 것을 보고는 너무 과격하다고 생각하고 개화파와 거리를 두었어. 그리고 일본보다 청나라와 협력하는 쪽으로 방향을 바꾸었지. 그런데 청나라가 일본과의 전쟁에서 패하는 것을 보고는 다시 러시아에 접근했어. 그러다가 일본의 만행에 목숨을 잃고 만 거야.

명성 황후가 이렇게 오락가락한 것을 어떻게 볼 것인가에 대해서는 아직도 사람들마다 주장이 달라. 어떤 사람은 명성 황후가 쓰러져 가는 나라를 되살리기 위해 한반도 주변 정세를 잘 살폈다고 본단다. 어느 한 나라가 독점적으로 힘을 쓰지 못하고 서로 균형을 이루도록 교묘한 외교술을 펼쳤다는 거지. 그런가 하면 명성 황후는 오로지 시아버지인 흥선 대원군을 정적으로 삼아 거꾸러뜨릴 생각만 했다는 주장도 있어. 자신의 세력인 민씨 일파만 권력을 유지할 수 있다면 어느 나라와도 손을 잡았다는 거야.

이 가운데 어느 주장이 맞는지는 아직 단정할 수 없단다. 좀 더 많은 증거를 발굴하고 연구를 거듭한 뒤에 비로소 어떤 결론이 나올 수 있겠지. 다만 지금 확실하게 말할 수 있는 것은, 명성 황후가 아무리 정치를 잘못했다고 해도 일본이 궁궐에 침입해서 한 나라의 왕비를 살해한 것은 용서할 수 없다는 사실이야. 오늘날 우리가 일본에게 과거 역사에 대해 사죄하라고 줄기차게 요구하는 배경에는 이런 점도 포함되어 있단다.

흥선 대원군 영정(보물 1499호)

키워드 08　**독립 협회**

실패로 끝난 근대화 개혁

옛 한양의 서대문이 있던 자리 부근에는 프랑스 파리의 개선문을 닮은 문이 하나 서 있어. 바로 독립문이지. 1896년 독립 협회가 우리나라 국민들의 자주 독립 의식을 높이기 위해 지은 건축물이란다. 독립 협회는 우리나라의 근대화를 위해 애쓴 단체였어. 그런데 사람의 일이란 반드시 뜻하는 대로 이루어지지 않을 때가 많아. 독립 협회도 나라의 독립과 근대화를 위해 힘썼지만, 그 결과는 좋지 않았단다.

【 독립 협회의 태동 】

고종이 러시아 공사관으로 피신하는 아관 파천이 일어나면서 조선의 정국은 크게 요동쳤어. 무엇보다도 친일 내각이 무너지고 박정양을 중심으로 하는 친러 내각이 들어섰지. 고종이 러시아 공사관에 몸을 의지하고 있는 만큼 당연한 결과였어.

그런데 이때 친러 내각을 구성한 이들은 국왕 주변의 관료들과 명성 황후를 따르던 이들로, 개화에 반대하며 옛 제도를 지키자고 주장하던 사람들이었어. 따라서 개화파에 속한 이들은 친러 내각에 들어가지 못했지. 그러자 그들은 스스로 단체를 만들어 정치 활동을 하기로 의견을 모으고, 단체의 중심인물로 서재필을 내세웠어.

서재필은 일찍이 김옥균이 주도한 갑신정변에 가담했던 인물이야. 정변이 사흘 만에 실패하자 서재필은 김옥균과 함께 일본으로 도망을 갔어. 그러나 일본에서도 별다른 대접을 해 주지 않자 서재필은 미국으로 건너가서

홀로 공부해 의사가 되었어. 이름도 필립 제이슨으로 바꾸었지.

서재필은 고국에서 명성 황후가 시해당하고 고종이 러시아 공사관으로 피신하는 등 나라가 위기에 빠지자 조선으로 돌아가 나라를 위해 일하기로 결심했어. 조국으로 돌아온 뒤 처음 한 일은 독립신문을 창간하는 일이었어. 서재필은 조선이 미국처럼 발전하지 못하는 근본 원인 가운데 하나가 백성의 무지 때문이라고 보았어. 그래서 신문을 만들어 백성을 깨우쳐야 한다고 생각한 거야.

서재필은 배우지 못한 모든 백성이 독립신문을 읽을 수 있도록 어려운 한자 대신 순 한글로 신문을 만들었어. 그리고 외국 사람들도 읽을 수 있도록 마지막 면은 영어로 편집했지. 창간호 사설에서는 "조선 전국 인민을 위하여 무슨 일이든지 대신 말해 주려 하며, 정부에서 하는 일을 백성에게 전할 터이요, 백성의 정세를 정부에 전할 터"라고 하여 신문의 역할을 분명하게 밝혔어.

독립신문 1896년 4월 서재필이 창간했다. 순 한글로 발행한 최초의 신문인데, 외국인도 읽을 수 있도록 영문판을 함께 발행했다. 독립신문은 개화 정책의 필요성과 독립 의식을 높이는 데 중요한 역할을 했다.

독립관 독립 협회가 중국 사신을 영접하던 모화관의 이름을 독립관으로 고치고, 이곳을 독립 협회 활동의 근거지로 삼았다.

영은문 조선 시대에 중국에서 오는 사신을 맞던 모화관의 정문이다. 독립 협회가 주도하여 이 문을 헐어 내고 그 자리에 독립문을 세웠다.

서재필이 독립신문을 펴내자 뜻을 같이하는 개화파 지식인들이 합세했어. 그래서 서재필, 안경수, 이완용, 윤치호, 이상재, 주시경 등이 중심이 되어 독립 협회를 결성했단다.

독립 협회는 먼저 서대문 부근에 독립문 세우는 일을 추진했어. 그곳에는 청나라 사신을 맞이하는 영은문이 있었는데, 그 문을 헐고 그 자리에 우리나라의 자주 독립을 상징하는 독립문을 세우기로 한 거야.

독립문 독립 협회의 주도로 전국적인 모금 운동을 펼쳐 세운 문이다. 자주 독립을 향한 의지를 나타내기 위해 프랑스 파리의 개선문을 본떠 만들었다. 독립문 앞에 보이는 2개의 주춧돌이 영은문의 자취이다.

【 만민 공동회에서 관민 공동회로 】

이어서 독립 협회는 종로에 사람들을 모아 놓고 나라의 장래에 대해 토론하는 자리를 만들었어. 나라의 자주 독립과 백성의 권리를 지키고 개혁으로 나라를 부강하게 하려면 백성이 스스로 깨우쳐야 한다고 생각했기 때문이야. 이를 '만민 공동회'라고 했지.

자주 독립은 독립문을 세울 때부터 독립 협회가 가장 중요하게 내세운 주장이었어. 그런데 당시 친러 정부는 러시아에 광산 채굴권을 주고 은행 설립을 허가해 주는 등 여러 가지 특혜를 베풀었어. 독립 협회는 이를 자주 독립의 관점에서 강하게 비판했지. 아울러 백성을 마구 잡아 가두고 고문하는 구식 재판 제도를 비판하면서 법에 따라 인권을 보호할 것을 요구했어. 또 근대적인 교육을 실시할 학교를 세울 것도 주장했단다.

독립 협회는 자신들이 주장하는 것이 정부의 정책으로 실현되도록 하기 위해 정부 대신들에게 만민 공동회에 나와서 함께 토론하자고 제안했어. 정부는 처음엔 많은 군중이 모여 시위하는 곳에 대신들이 참석할 수 없다고

만민 공동회 기록화 독립 협회는 누구든 나와서 자유롭게 정치적 의견을 펼칠 수 있는 집회를 자주 열었다.

버텼지만 독립 협회의 끈질긴 요구에 할 수 없이 참석하기로 했어. 그래서 만민 공동회가 관민 공동회로 바뀌었지.

1898년 10월에 열린 관민 공동회에서 독립 협회와 정부는 나라를 개혁하기 위한 '헌의 6조'라는 문서를 만들어 고종에게 바쳤어.

헌의 6조

1. 외국인에게 의지하지 말고 관민이 힘을 합해 황제의 권한을 튼튼하게 할 것
2. 광산·철도·석탄·산림 등 외국과의 이권에 관한 계약과 조약은 각부 대신과 중추원 의장이 합동으로 서명하여 시행할 것
3. 국가 재정은 탁지부에서 모두 맡아 하고, 예산과 결산을 국민에게 발표할 것
4. 중대한 범죄는 공판을 하고, 피고의 인권을 존중할 것
5. 고위 관리를 임명할 때는 정부에 그 뜻을 물어서 정할 것
6. 정해진 규정을 실천할 것

위의 내용을 보면, 황제를 중심으로 나라를 운영하되 황제 마음대로 하는 것이 아니라 내각 대신들의 뜻을 묻고 법률과 규칙에 따라야 한다고 되어 있어. 곧 근대적인 입헌 군주제를 시행하자는 뜻이 담겨 있는 거야.

한편 조항 중에는 외세를 배격하는 내용이 포함되어 있는데, 이는 뒤에서 조선 정부를 조종하고 있던 러시아를 겨냥한 것이었어.

【독립 협회가 실패할 수밖에 없었던 이유】

상황이 이렇게 흘러가자 정부를 이끌고 있던 수구파(변화나 개혁에 반대하며 옛 제도를 그대로 지키려는 사람들) 대신들은 불안해졌어. 독립 협회의 힘이

강해질수록 수구파가 설 자리가 좁아지기 때문이었지. 급기야 그들은 고종에게 독립 협회의 목표가 왕조 체제를 무너뜨리고 공화제를 수립하는 것이라고 보고했어. 그러잖아도 왕비까지 잃고 자신마저 목숨이 위태로운 처지에 놓여 있던 고종은 독립 협회가 자신을 제거하려 한다는 말에 독립 협회에 등을 돌리게 되었어.

독립 협회 마크

결국 정부는 헌의 6조를 지키지 않고 서재필을 미국으로 쫓아 버렸어. 그리고 황실을 따르는 단체인 황국 협회를 시켜 독립 협회를 공격하게 했어. 남은 독립 협회 사람들은 백성을 동원하여 정부에 맞서려고 했지만, 이미 힘을 잃고 말았지.

이렇게 독립 협회 운동은 3년 만에 꺾였어. 그런데 만약 독립 협회 운동이 살아남았더라면 조선이 근대화에 성공할 수 있었을까?

그렇게 생각하기는 힘들단다. 독립 협회는 나라의 독립을 말할 때 청나라로부터의 독립만 생각했어. 그래서 청나라 사신을 맞던 영은문 자리에 독립문을 세운 거야. 그러나 일본에는 너그러웠단다. 왜냐하면 독립 협회를 이끈 대부분의 개화파 지식인이 일본에서 근대화 교육을 받았거든. 그래서 일본에는 경계심을 품지 않았어. 실제로 나중에 나라가 일본의 식민지가 되었을 때 이완용 등 많은 독립 협회 간부들이 친일파로 변신했단다.

그러니 독립 협회 구성원들이 애초에 순수한 마음으로 자주 독립, 자유 민권, 자강 개혁을 주장했다고 해도 그 뜻이 그대로 실현될 수는 없었을 거야. 바로 여기에 우리나라 근대화의 비극이 있었던 거란다.

키워드 09 | **열강의 이권 침탈**

헐값에 넘겨준 개발 이권

일본과 서양이 서로 앞다투어 우리나라로 몰려든 까닭은 무엇일까? 물론 우리나라 땅을 차지하려는 욕심 때문이었지. 우리나라 땅이 왜 탐났을까? 그것은 돈, 곧 경제적인 이익을 얻기 위해서였어. 그러면 우리 땅에는 과연 어떤 경제적 이득이 걸려 있었던 걸까?

【 노다지를 차지한 미국 】

서양 여러 나라들이 조선에서 가장 눈독을 들인 것은 금이었단다. 금은 오늘날의 돈처럼 물건과 교환할 수 있는 화폐로 사용되었기 때문에 아시아를 찾은 서양 나라들은 일찍부터 금을 겨냥했어.

이에 반해 조선 왕조에서는 금화를 사용하지 않았어. 금이 귀한 광물이긴 했지만 주로 귀걸이, 목걸이, 반지 같은 장신구를 만드는 데 사용했을 뿐이지. 그리고 금이 많이 난다는 것을 알면 중국에서 조공품으로 바치라고 할까 봐 금광 개발에 몰두하지는 않았다고 해.

개항 이후 우리나라와 조약을 맺은 서양 나라들은 금에 눈독을 들이고 있었지만, 조정에서는 그들의 금광 개발 요구를 잘 들어주지 않았어. 더구나 친일 내각이 집권하고 있을 때는 일본의 힘이 깊숙이 뻗쳐 있었기 때문에 더더욱 서양 나라의 금 채광을 허락해 주지 않았지. 그러다가 아관 파천으로 나라가 어수선해진 틈을 타고 여러 나라가 왕실에 접근해 금을 캐도 좋다는 금광 채굴권을 받아 냈어.

1896년 이후 금광 채굴권을 받아 낸 나라는 미국, 영국, 독일, 일본 등이

운산 광산 1896년 미국인 모스가 조선 왕실에서 평안북도 운산 일대의 채굴권을 얻어 개발한 운산 광산은 당시 한국에서 가장 많은 금을 캐내던 곳이었다.

었어. 그 무렵 조선에서 가장 큰 광산은 평안북도에 있는 운산 광산이었는데, 모스라는 미국 사람이 이 광산의 채굴권을 따냈다는구나. 한때 이곳에서 캐낸 금이 우리나라 금 생산량의 4분의 1을 차지했다니 대단하지.

이렇게 금 채굴이 인기를 끌다 보니 금광에 얽힌 재미있는 이야기도 전해 온단다. 운산 광산에서는 조선인 노동자들이 광부로 일했어. 그런데 조선인 광부들이 채굴하다가 금을 발견하면 이를 감독하던 미국 사람들이 "노 터치! 노 터치!" 하며 달려왔대. '노 터치(No touch)'란 영어로 '손대지 마'라는 뜻이지. 귀한 금을 조선인 광부가 주머니에 슬쩍 넣어 가지고 갈까 봐 그랬던 거야. 영어를 잘 알아듣지 못한 조선 노동자들은 '노 터치'를 '노다지'로 듣고 노다지가 영어로 '금'이라는 뜻인가 보다 생각하게 되었어. 그래서 조선 사람들이 금을 노다지라고 부르게 되었다는 이야기야.

기우는 나라의 운명 75

【원시림을 베어 간 러시아】

금 다음으로 서양 사람들의 눈에 띈 자원은 한반도 북부 개마고원의 울창한 숲을 이루고 있는 나무였어. 나무는 종이를 만드는 원료일 뿐 아니라 집을 짓는 건축 자재로도 널리 쓰였기 때문에 귀한 삼림 자원이었지.

　삼림 자원에 가장 눈독을 들인 나라는 러시아였어. 때마침 아관 파천으로 고종이 러시아 공사관에 머물고 친러 내각이 권력을 잡고 있는 틈을 이용해 러시아는 압록강과 두만강 유역, 그리고 울릉도의 숲에서 나무를 베어 갈 수 있는 권한을 따냈어. 그때 압록강과 두만강 유역에서 수백 년 된 원시림을 베어 내 뗏목을 만들어서 강에 띄워 하류로 운반하는 모습은 굉장한 볼거리였다는구나. 하지만 아름다운 우리 자연이 마구 파괴되는 것에는 아무도 신경 쓰지 않았다니, 참 안타까운 일이지.

압록강 연안의 삼림과 뗏목 압록강 상류 연안은 울창한 삼림 지대여서 여러 나라가 눈독을 들였다. 여기서 베어 낸 원목은 뗏목처럼 엮어 압록강 하류의 신의주로 운반했다. 뗏목을 운반하는 데 시간이 오래 걸려서 뗏목 위에 조그만 집을 지어 생활하기도 했다.

【누더기가 된 전국의 철도 부설권】

금과 삼림 같은 자원을 개발하는 것보다 더 수지가 맞는 사업은 철도 사업이었어. 철도는 산업 혁명을 일으킨 영국에서 처음 개발된 이후 전 세계로 퍼져 갔어. 철로를 놓는 공사는 수준 높은 기술과 많은 노동력이 투입되는 큰 사업이었어. 철로를 놓으면 그 위를 달리는 증기 기관차가 필요하니까 기관차 무역 또한 큰 이익을 얻을 수 있는 교역이었지.

그래서 여러 나라가 조선의 철도 부설권을 따내려고 조선 왕실과 내각을 들쑤시고 다니며 갖은 노력을 기울였단다. 물론 조선 왕실과 내각에서는 외국의 도움을 받긴 하되 우리의 실력으로 철도를 놓으려고 했어. 그러나 이 또한 아관 파천으로 나라가 어수선해지면서 여러 나라에 철도 부설권을 허가해 주게 되었어.

먼저 서울에서 인천을 잇는 경인선 부설권은 미국 회사에 돌아갔고, 서울에서 부산까지 연결하는 경부선 부설권은 일본 회사가 가져갔지. 그리고 서울에서 신의주까지 잇는 경의선 부설권은 프랑스 회사에 돌아갔어.

정부는 서울에서 원산까지 연결하는 경원선만큼은 조선 회사에 주려고 애썼어. 하지만

경의선 건설(위) 일본이 군대를 동원해 경의선 철도를 부설하는 모습이다. 처음에는 프랑스가 경의선 부설권을 얻었는데, 재정 부족으로 일본에 넘어갔다.

경인선 개통식(가운데) 미국인 모스가 철도 부설권을 얻었으나 일본에 팔아서 경인선 개통식 때 일본과 미국의 국기를 함께 걸었다.

한강 철교(아래) 서울 용산과 노량진을 잇는 최초의 한강 다리이다. 1900년에 준공되었다.

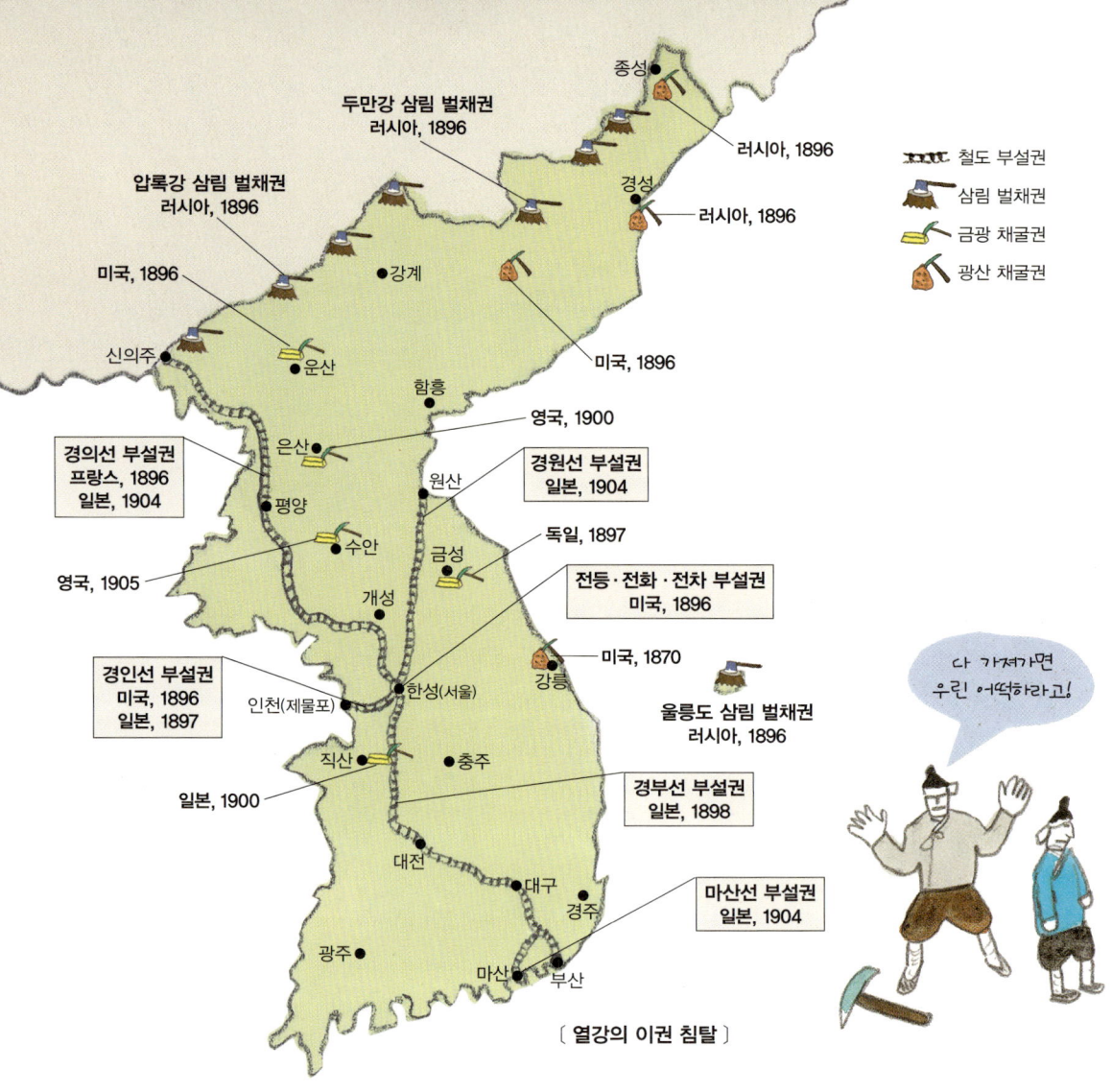

〔열강의 이권 침탈〕

조선 회사는 자금과 기술이 부족한 데다 다른 나라의 방해를 받아 사업을 제대로 진척시킬 수가 없었어. 결국 경원선 부설권은 나중에 일본이 가져가고 말았지.

이렇게 외국 자본에 사업을 다 내주는 것을 지켜본 국민들은 분통이 터졌어. 그래서 독립 협회에서는 관민 공동회를 통해 이 문제를 다룰 것을 요구하고, 헌의 6조 가운데 외국에 이권을 넘겨주지 말라는 조항을 넣기도 했어.

한편 철도 부설 공사는 철도가 놓일 곳에 사는 주민들에게 많은 피해를 주었어. 외국인 회사들이 조선의 토지를 싼값에 강제로 사들이고, 주민들을 일꾼으로 데려다 일을 시키면서 몽둥이와 채찍으로 때리는 등 가혹하게 다루었거든.

그러자 조선 사람들은 외국 회사가 땅을 사들여 철로를 놓는 공사를 방해하기도 했어. 떼를 지어 공사장을 습격하기도 하고, 이미 완공된 철로를 부수기도 했지. 마을 아이들도 기차가 지나가면 기차를 향해 돌팔매질을 했다고 해. 그래서 철도 부설 공사를 방해하다가 붙잡혀 처형당한 사람들도 많았어.

철도 파괴범으로 처형당한 사람들 일본이 한반도와 중국 대륙을 침략하기 위해 경부선을 부설하자, 조선인들은 철도 공사와 운행을 방해하며 저항했다. 철도를 파괴하다가 일본군에게 처형당한 조선인들의 모습이다.

【 조선, 근대화의 길에서 멀어지다 】

광산을 개발하고 철도를 놓는 사업 자체는 좋은 일이야. 그렇지만 조선에서 철도 부설 사업은 나라의 산업을 일으키는 효과를 가져오지 못했어. 광산 채굴권, 삼림 채벌권, 철도 부설권을 주는 대가로 다른 나라에서 돈을 받긴 했지만, 그것은 그 사업으로 얻은 이익 가운데 아주 적은 양에 지나지 않았어. 이익은 대부분 외국 회사를 통해 그대로 외국으로 빠져나갔지.

더욱 불행한 일은 그런 사업을 우리 손으로 시행했다면 근대적인 기술을 배울 수 있었을 텐데 그럴 기회를 전혀 얻지 못했다는 거야. 그래서 나중에 우리 손으로 사업을 운영할 기회가 왔을 때 우리는 정작 그럴 만한 능력을 갖추지 못했어. 그러다 보니 조선은 스스로 근대화를 이룰 수 있는 기회를 놓치고 만 거란다.

기우는 나라의 운명 79

키워드 10 대한 제국

광무개혁을 바라보는 두 가지 시각

러시아 공사관으로 피신해 있던 고종은 1년 만에 경운궁으로 돌아왔어. 그리고 나라 이름을 조선에서 대한 제국으로 바꾸고 스스로 황제 자리에 올랐지. 이후 고종 황제가 펼친 정책을 '광무개혁'이라고 하는데, 이것이 나라를 옛날의 왕조 시대로 되돌리려는 정책이었는지, 아니면 자주적인 근대화를 위한 개혁이었는지에 대해서는 사람마다 의견이 다르단다.

【고종, 경운궁으로 돌아오다】

국왕 고종은 남의 나라 공사관에 피신해 있으면서 나라를 다스렸어. 이는 어느 누구의 눈에도 좋게 보이지 않았단다. 마치 한 집안의 가장인 아빠가 집을 나가 남의 집에 머물면서 자기 집안일을 돌보려고 하는 것과 마찬가지니까 말이야. 그래서 뜻있는 대신들은 고종에게 궁궐로 돌아오라고 요청했어. 그중에서도 활발한 정치 활동을 펴고 있던 독립 협회가 가장 강력하게 목소리를 높였지.

하지만 고종은 왕비가 시해당한 궁궐로 돌아가는 것은 안전하지 않다고 생각했어. 그렇다고 언제까지나 남의 나라 공사관에 머물 수는 없는 노릇이었지. 그래서 고종은 러시아 공사관을 비롯해 외국 공관들이 많이 모여 있는 정동 부근의 경운궁을 새로 수리하고 개축해서 그곳으로 옮기기로 했어. 그곳이 바로 오늘날 서울 시청 앞에 있는 덕수궁이란다.

1897년 2월 25일, 드디어 고종은 새로 단장한 경운궁으로 옮겼어. 그리고 10월에는 나라 이름을 대한 제국으로 고치고 황제 자리에 올랐어. 이웃 나라 일본에서도 1867년에 메이지 천황이 즉위하여 개혁 정책을 단행했으니, 이는 일본을 모방한 것이라고 볼 수 있지.

【고종의 뜻은 어디에 있었을까】

대한 제국을 선포한 뒤로 고종 황제는 새로운 정책을 속속 발표하며 나라를 의욕적으로 다스렸어. 그런데 문제는 이때 고종 황제가 편 정책이 나라를 다시 옛 조선 시대로 되돌리려는 수구적인 성격이었느냐, 아니면 세계사의 흐름을 읽고 나라를 근대화하려는 개화적인 성격이었느냐를 놓고 역사학자마다 의견이 갈린다는 데 있어.

그때 고종 황제가 스스로 어떤 생각을 하고 있었는지 밝혔다면 문제가 되지 않았겠지만, 아쉽게도 아직 고종 황제의 뜻을 확인할 수 있는 자료는 없단다. 그래서 두 가지 경우로 나누어 가정해 보고 어느 쪽이 사실에 가까울지 논리적으로 따져 보는 수밖에 없을 것 같구나.

환구단과 고종 황제 1897년 고종은 환구단에서 대한 제국 황제 즉위식을 치렀다. 원래 환구단은 하늘에 제사를 드리던 제천단인데, 1913년 일본이 단을 허물고 그 자리에 호텔을 지어서 지금은 신주를 보관하던 황궁우만 남아 있다.

A의 경우

고종은 생각했어. 처음에는 나라를 잘 다스리기 위해 일본의 도움을 받을 생각이었는데 그건 잘못이었다고 말이야. 자기들 말을 잘 듣지 않는다고 궁궐로 쳐들어와 왕비를 살해한 일본을 고종은 도저히 용서할 수 없었지. 그래서 앞으로는 절대로 일본과 손을 잡지 않겠다고 다짐했어.

고종은 지금 나라가 처한 위기를 벗어나려면 무엇보다도 왕의 권위가 바로 서야 한다고 생각했어. 지난 역사를 돌이켜 보아도 왕권이 강할 때 나라가 융성했고, 왕권이 약해지면 나라가 위기에 빠졌지. 그래서 우선 왕을 황제로 높인 뒤 강력한 지도력으로 나라를 이끌기로 했어. 황제를 보필하는 자리에도 황제에게 충성하는 이들을 앉혔단다.

나라를 강력하게 다스리기 위해 가장 필요한 것은 경제력이었어. 그래서 전국의 토지를 새로 조사하여 세금을 거두고 이를 왕실 금고에 저장하게 했어. 또 광산 개발과 철도 부설 사업을 벌여 거기에서 나오는 수익도 거두어들였지.

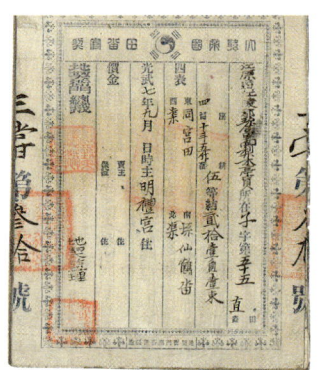

대한 제국 시기의 토지 조사
미국인 측량사가 토지를 측량하고 있는 모습이다. 고종은 토지 조사와 토지 소유권 증서(오른쪽 사진) 발부 사업을 벌여 근대적인 토지 소유권을 확립하고 국가 재정을 개선할 수 있는 바탕을 마련하고자 했다.

대한 제국 시기의 태극기 고종의 외교 고문을 지낸 미국인 데니가 귀국할 때 고종에게 기증한 태극기이다. 태극기는 1883년에 국기로 제정되었다.

대한 제국 시기의 애국가를 실은 책자의 표지 고종이 즉위한 지 40년이 되던 1902년, 다양한 기념 행사를 치르면서 '국가'의 필요성을 느껴 군악대 지휘자인 독일인 에케르트가 작곡한 '대한 제국 애국가'를 정식 국가로 제정·공포했다.

대한 제국 시기의 태극 문양 훈장

그러는 한편 개화 정책을 펼 것을 요구하는 독립 협회와는 거리를 두었어. 고종은 서양의 근대적인 산업과 기술을 받아들이는 일에는 찬성했지만, 그것은 어디까지나 황제를 중심으로 하는 나라를 강화하기 위한 것이어야 했어. 그런데 독립 협회가 황제의 권한을 약화시키고 개화 세력이 중심이 되는 나라를 목표로 하는 것을 보고는 가만히 내버려 두어서는 안 되겠다고 생각했지. 결국 고종 황제는 독립 협회를 강제로 해산시켜 버렸어.

고종 황제가 이렇게 독자적인 길을 가자 일본은 초조해졌어. 일본은 고종이 강하게 나오는 이유가 러시아의 힘을 믿기 때문이라고 여겼어. 그래서 먼저 러시아의 기세를 꺾기 위해 러시아와 한판 전쟁을 벌이기로 마음먹게 되었지.

B의 경우

고종은 생각했어. 나라를 개화하기 위해 처음에는 일본의 도움을 받으려고 했지만, 일본의 욕심을 알게 된 이상 일본과는 더 손잡을 수 없다고 말이야. 그 대신 북방의 강대국 러시아의 도움을 받아 나라를 하루빨리 개화해야 한다고 판단했어.

나라를 개화하려면 먼저 주변 나라들에 휘둘리지 말아야 한다고 생각했어. 특히 청나라는 지난 오랜 역사 속에서 늘 종주국 노릇을 해 왔는데, 이제 그 그늘에서 벗어나야 했지. 그래서 대한 제국을 세우고 황제 자리에 올라 조선이 청나라와 대등한 나라라는 것을 선포했어.

고종은 나라가 개화하려면 낡은 생각에 젖어 있는 양반 관료들로는 안 된다고 보았어. 그래서 프랑스에서 유학하고 돌아온 홍종우와 광산 개발로 재산가가 된 이용익 등을 중요한 자리에 앉혔지. 이들은 도로를 정비하고 전국에 철도를 놓고 광산을 개발하는 등 나라의 산업을 일으키기 위해 애썼어. 또 한성은행과 대한천일은행을 세워 금융업을 근대화하기도 했어.

그러나 고종은 독립 협회와는 거리를 두었어. 독립 협회를 이끌고 있는 이들 중에는 일본과 친한 사람들이 많았기 때문이야. 그러던 참에 독립 협회가 대한 제국을 비판하는 정도가 점차 높아지자 결국 독립 협회를 강제로 해산해 버렸지.

대한천일은행 1899년에 설립된 대한천일은행의 창립자이자 창립 최대 주주는 고종 황제였다. 고종은 러시아에서 돈을 빌려 대한천일은행을 중앙은행으로 육성하려 했지만, 일제의 방해 탓에 실패하고 말았다.

고종이 러시아의 힘을 이용해 개화 정책을 하나하나 펴 나가자 일본은 초조해졌어. 한반도에 대한 일본의 발언권이 점점 약해지는 것을 걱정한 거야. 결국 일본은 러시아와 전쟁을 벌여 러시아를 꺾음으로써 한반도에 대한 지배권을 장악하기로 결심하게 되었지.

A와 B의 길은 겉으로는 비슷해 보이지만 그 방향은 정반대야. A는 과거의 왕조 체제를 더욱 강화하는 수구의 길이야. 만약 고종이 A의 길로 계속 갔다면 대한 제국은 어떻게 되었을까? 아마도 나라의 근대화는 아주 많이 늦어졌을 거야. 반대로 B의 길은 미래로 나아가는 개화의 길이야. 만약 고종이 이 길로 계속 갔다면 우리나라는 스스로의 힘으로 일본 못지않은 근대화를 이루었을지도 몰라.

지금 우리는 고종이 당시 어떤 생각을 했는지 정확히 알 수 없어. 어쩌면 고종은 A와 B의 중간에서 우왕좌왕했는지도 몰라. 그런데 정작 중요한 것은 어떠한 방향이었든 관계없이 고종의 그러한 노력이 일본 때문에 강제로 중단되었다는 사실이야. 일본은 러시아와 전쟁해서 이긴 뒤 무력을 앞세워 점점 더 대한 제국을 압박해 들어왔어. 대한 제국을 끝으로 역사는 우리 겨레의 뜻과는 상관없이 흘러가기 시작했단다.

키워드 11 　러·일 전쟁

일본, 강대국 러시아를 꺾다

인천에 송도라는 곳이 있어. 인천의 남서쪽 바닷가에 있는 행정 구역인데, 섬이 아닌데도 왜 송도라는 이름이 붙었을까? 송도는 일제 강점기에 일본이 붙인 이름이야. 일본에서 경치가 빼어난 마쓰시마(松島 : 송도) 섬의 이름을 따온 것이라고도 하고, 1904년 러·일 전쟁이 이곳에서 시작되었을 때 일본 해군의 군함 마쓰시마호의 이름을 붙인 것이라고도 해. 어쨌든 러·일 전쟁의 흔적이 아직도 우리 땅에 남아 있는 것이지.

【 일본과 러시아가 충돌하다 】

1897년 고종 황제가 대한 제국을 세우고 나라를 독자적으로 운영하자 일본은 불안했어. 고종이 아관 파천 이후 러시아와 가깝게 지내고 있었기 때문에 일본은 한반도 정세에서 따돌림을 당하고 있다고 느낀 거야.

일찍이 일본은 청·일 전쟁에서 승리한 뒤 중국의 랴오둥 반도를 차지했으나, 러시아가 주축이 되어 압력을 가해 오는 바람에 랴오둥 반도를 내놓아야만 했지. 그 후 랴오둥 반도는 오히려 러시아 차지가 되었어. 러시아는 중국 북부 지방인 만주에 눈독을 들이고 있었는데, 대한 제국의 고종을 지원하면서 만주는 물론 한반도까지 차지할 욕심을 내고 있었지.

일본 정치인들은 한반도가 다른 나라의 영향권에 들어가면 일본의 안보에 심각한 위협이 된다고 판단했어. 나아가 일본이 대륙으로 진출하기 위해서는 반드시 한반도를 일본의 영향 아래 두어야 한다고 생각했지.

이런 상황이었기 때문에 일본은 러시아에 강한 경계심을 품었어. 그때까지만 해도 러시아는 광대한 땅을 가진 강대국이었어. 일본이 러시아와 싸워 이기리라고 생각하는 나라는 하나도 없었지. 일본 또한 러시아를 두려워했기 때문에 러시아와 협상해서 갈등을 해결하려고 했어. 그래서 먼저 만주에 대한 러시아의 권리를 보장해 주는 대신 한반도는 일본이 차지하겠다는 협상안을 제시했지. 그러나 러시아는 일본을 얕보고 이 제안을 거절해 버렸어. 그러자 일본

프랑스 신문에 실린 러·일 전쟁 풍자화 러시아를 거인, 일본을 소인으로 표현하여 강대국 러시아에 무모하게 도전한 일본을 풍자한 그림이다.

은 한발 더 물러나 한반도의 허리를 가르는 북위 38도선을 경계로 북쪽은 러시아가 차지하고 남쪽은 일본이 차지한다는 수정안을 내밀었어. 하지만 이번에도 러시아는 거들떠보지도 않았지.

그러자 일본 정계에서는 러시아와 전쟁을 피할 수 없다는 의견이 높아지기 시작했어. 이미 강대국 청나라도 꺾은 터라 일본은 자신감에 차 있었지. 하지만 러시아는 자만심에 빠져 제대로 대비하지 않았어.

【 일본, 전쟁을 결심하다 】

1904년 2월, 마침내 일본은 더는 참을 수 없어 러시아에 최후 통첩을 보냈어. 그리고 랴오둥 반도의 뤼순항과 인천의 제물포항에 정박해 있던 러시아 군함을 일제히 공격했단다. 러·일 전쟁이 터진 거야.

고종은 이처럼 급박하게 돌아가는 국제 정세를 누구보다도 세심하게 지켜보고 있었어. 고종 또한 전쟁이 가까이 닥쳐오고 있다는 것을 알고 대한

제국은 어떻게든 이 전쟁에서 비켜나야 한다고 생각했어. 그래서 러시아와 일본이 전쟁할 경우 대한 제국은 중립을 지키겠다고 선언했지. 그렇지만 안타깝게도 대한 제국은 중립을 지킬 만한 힘이 없었어. 또 영국, 미국, 프랑스 같은 강대국들도 대한 제국의 중립을 지켜 줄 의지가 없었어.

러시아 군함을 향해 공격을 개시한 일본군은 곧이어 제물포와 랴오둥 반도에 육군을 상륙시켰어. 제물포에 상륙한 일본군은 곧장 서울로 들이닥쳐 궁궐을 점령했지. 고종은 꼼짝없이 일본군의 포로나 다름없는 신세가 되어 버렸어. 이런 상태에서 일본은 고종에게 대한 제국이 일본 편을 들도록 강요하는 '한·일 의정서'라는 조약문을 내밀었지. 고종은 일본의 강압에 못 이겨 이 의정서에 도장을 찍어야 했단다.

일본군은 한편으로는 랴오둥 반도를 거쳐서, 다른 한편으로는 한반도를 통해서 만주로 쳐들어갔어. 준비를 철저히 한 일본군은 강대국 러시아군과 맞서 용감하게 싸웠고, 전투마다 승리를 거두었어. 세계 여러 나라들이 일

일본군의 시가 행진 인천에 상륙한 일본군은 서울에 진주해 한·일 의정서를 체결하라고 강요했다.

한·일 의정서 일본이 러·일 전쟁에서 중립을 지키려는 고종을 압박해 일본에 협력하도록 강요하는 내용으로 되어 있다. 특히 4조는 군사상 필요할 경우 한국 땅을 허락 없이 마음대로 사용할 수 있다는 독소 조항을 담고 있다.

본의 승리에 놀라움을 나타냈지. 일본 국민들도 강대국 러시아에 연전연승하는 일본군에 환호를 보내며 기뻐했어.

【 마침내 한반도를 차지하다 】

뜻밖의 패배를 당한 러시아는 전세를 뒤집기 위해 세계 최강을 자랑하는 발틱 함대를 출동시켰어. 1904년 10월, 38척으로 구성된 대함대가 유럽의 북해를 떠나 한반도로 향했어. 발틱 함대는 아프리카 대륙을 돌고 인도양을 거쳐 이듬해 5월 마침내 대한해협에 이르렀어. 하지만 일본 해군은 벌써 동해에서 발틱 함대가 오기를 기다리고 있었지. 두 나라 해군이 동해에서 불꽃 튀는 해전을 벌였고, 그 결과는 발틱 함대의 참패로 끝났어. 대부분의 함정이 침몰하고 블라디보스토크에 무사히 도착한 함정은 겨우 세 척에 지나지 않았어. 무려 5천 명이 넘는 러시아 군인이 전사했지.

러시아는 더 버틸 힘이 없어졌어. 그래서 1905년 9월, 미국의 포츠머스에서 강화 조약을 맺고 패배를 인정했어. 포츠머스 강화 조약의 내용은 두말할 것도 없이 일본이 한반도를 지배할 수 있는 권한을 인정한다는 것이었지.

청나라에 이어 러시아까지 두 강대국을 전쟁으로 물리침으로써 이제 일본은 새로운 강대국 대열에 오르게 되었어. 일본 국민들은 환호성을 질렀지만, 우리에게는 비극의 시작이었지. 그 뒤 대한 제국은 사실상 무너졌고, 한반도는 일본의 식민지로 빠르게 편입되어 갔단다.

러시아 발틱 함대의 패배 러시아는 전세를 뒤집기 위해 발틱 함대를 파견했지만, 일본 해군에 완전히 격멸당했다.

키워드 + 독도

러·일 전쟁 와중에 빼앗긴 외로운 섬

3·1절 91주년을 맞은 2010년 3월 1일, 미국 뉴욕 시 중심가인 타임스 스퀘어 거리의 대형 광고판에 "독도는 한국 땅"이라는 광고가 등장했어. 일본의 일부 정치인들이 시도 때도 없이 독도가 일본 땅이라고 주장하기 때문에 우리 국민들이 자발적으로 나서서 이런 광고를 하게 된 거야. 그런데 왜 일본 정치인들은 독도가 자기네 땅이라고 우기는 걸까?

그 이유를 따져 보려면 러·일 전쟁 때로 거슬러 올라가야 한단다. 러·일 전쟁이 한창이던 1905년 2월, 일본 정부가 독도를 다케시마라는 이름으로 일본 영토에 편입시켰거든.

러·일 전쟁이 시작된 곳은 황해의 랴오둥 반도에 있던 뤼순항과 인천의 제물포였지. 두 항구를 제압한 일본은 그곳으로 육군을 상륙시켜 만주에서 러시아군과 결전을 벌였어. 이 결전에서 밀린 러시아는 전세를 뒤집기 위해 유럽 북해에 있던 발틱 함대를 불러오기로 했지. 발틱 함대는 대서양과 인도양을 지나 대한해협에 이른 뒤 우리나라 동해를 거쳐 러시아 항구인 블라디보스토크에 진을 칠 예정이었어.

러시아의 전략을 알고 있던 일본군은 발틱 함대가 지나갈 길목인 대한해협과 동해 일대에 진을 치고 있다가 기습 공격할 계획을 세웠어. 그러다 보니 동해 한가운데에 있는 울릉도가 전략상 중요해졌어. 그래서 일본군은 울릉도에 관측소를 세우고 바다를 감시했어. 물론 고종을 압박해서 우리나라 땅을 제 마음대로 사용할 수 있는 권한을 얻어 낸 뒤였지.

일본군은 독도 또한 전략적으로 중요한 위치라는 것을 알고는 독도에도 관측소를 세워 전투에 활용하려고 했어. 일본은 독도를 주인이 없는 땅으로 규정하고 독도를 일본 영토인 시마네 현에 불법으로 편입시켜 버렸단다.

독도 전경

러·일 전쟁에서 승리한 일본은 자만심에 빠진 나머지 1930년대에는 중국 대륙을 집어삼키겠다며 중국과 전쟁을 벌이고, 그러고도 성이 안 차 미국과 태평양 전쟁을 벌였지. 하지만 강대국 미국의 원자 폭탄 공격을 받고 항복함으로써 일본의 야망은 물거품이 되고 말았어.

일본은 전쟁에서 패망한 뒤 전쟁 중에 차지한 영토를 모두 내놓아야 했어. 그중에는 물론 독도도 포함되어 있었지. 그러자 일본은 갑자기 주장을 바꾸었어. 독도는 주인 없는 땅이 아니라 전쟁 전부터 원래 일본 땅이었다는 거야. 1905년에 독도를 일본 영토에 편입시켰던 건 단지 독도가 자기네 영토라는 사실을 다시 한 번 확인한 것에 지나지 않는다면서 말이야.

그렇다면 1905년 이전에는 독도가 정말 일본 땅이었을까? 이 문제는 증명하기가 쉽지 않단다. 우리나라 역사책인 『삼국사기』에는 신라의 지증왕이 512년에 우산국을 정벌했다고 기록돼 있어. 이때의 우산국은 울릉도를 말해. 우리나라는 우산국이라는 나라 안에 울릉도와 독도가 포함되어 있었다고 보고 있지. 또 조선 시대의 『세종실록 지리지』에는 "울진 동쪽 바다 한가운데에 우산도와 무릉도가 있다."는 기록이 나오는데, 여기서 무릉도는 울릉도, 우산도는 독도를 가리키는 것이 분명해.

그렇지만 조선 시대에는 울릉도에 사람이 살지 못하게 한 적이 있어. 나라의 법을 어긴 범죄자들이 외딴 울릉도 같은 섬으로 도망가서 사는 일이 많다는 것이 이유였지. 비록 울릉도에서 터를 잡고 살아가지는 못했어도, 조선의 많은 어부들은 울릉도와 독도에 모여들어 고기잡이를 했어. 따라서 일본이 독도가 주인 없는 땅이라고 주장하는 것은 억지일 뿐이야.

그런데 울릉도와 독도에 몰려든 어부들은 조선 사람들만이 아니었어. 일본 어부들도 고기떼를 쫓아 이곳으로 몰려들었지. 사실 독도는 우리나라와 일본의 중간 지점에 자리 잡고 있기도 해. 독도는 우리나라 동해안에서 직선거리로 약 217킬로미터, 일본 육지에서는 약 211킬로미터 떨어져 있어. 사정이 이렇다 보니 두 나라 어부들 사이에서 다툼도 끊이지 않았지.

하지만 울릉도가 조선 영토인 것은 분명했고, 따라서 독도도 울릉도에 속한 부속 섬으로 보는 것이 상식이라고 할 수 있어. 조선 시대에 울릉도에 사람이 살지 못하게 했더라도 소유권마저 포기한 것은 아니었고, 독도 또한 마찬가지라고 할 수 있지.

일본이 전쟁에 패했는데도 반성하지 않고 독도를 차지하겠다고 우기는 이유는 독도 주변 해역에 많은 수자원과 광물 자원이 있기 때문이야. 그리고 국제 관계란 늘 힘에 의해 옳고 그름이 판가름 나기 때문에 자기 나라의 힘을 믿고 더욱 고집을 부리는 거야. 그러니 우리는 일본의 속셈을 잘 알아차리고 현명하게 대처해야겠지.

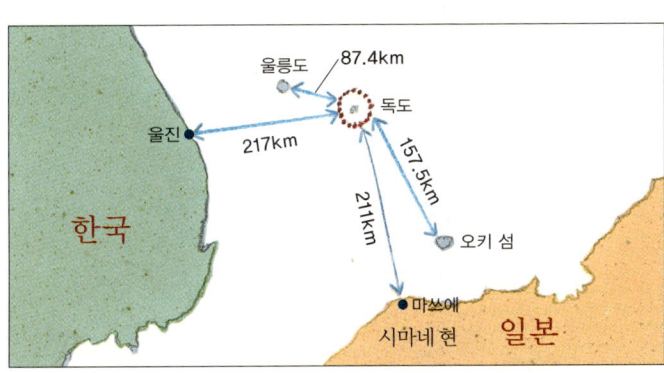

키워드 12　을사조약과 한·일 합병

5백 년 왕조가 무너져 내리다

일본이 러·일 전쟁에서 승리한 뒤, 이제 일본이 한반도를 차지하는 것을 가로막을 나라는 없어졌어. 따라서 일본은 누구의 간섭도 받지 않고 대한 제국을 자신의 식민지로 흡수하는 데 필요한 단계를 차례차례 밟아 나갔지. 마지막까지 저항한 사람도 있었지만, 일본의 앞길은 그 누구도 막을 수 없었어.

【 불법으로 얼룩진 을사조약 】

러·일 전쟁에서 승리한 일본은 이제 자기들이 한반도로 진출하는 길을 가로막을 자는 없다고 생각했어. 굳이 찾는다면 그 무렵 새로운 강대국으로 떠오르고 있던 미국 정도였지. 그래서 미국과 가쓰라·태프트 밀약을 맺어 미국이 필리핀을 차지하는 것을 승인하는 대신 일본이 한반도를 차지하는 것을 인정받는 식으로 거래를 맺었어.

사전 준비를 마친 일본은 1905년, 한반도 침략의 첫발을 내디뎠어. 먼저 일본 정부는 한국 문제를 처리할 사람으로 고위급 정치인인 이토 히로부미를 한국에 파견했어. 이토 히로부미는 경운궁에서 고종 황제를 알현하고 한·일 간에 맺을 조약안을 내밀었어. 이 조약은 앞으로 한국의 모든 외교 활동은 일본이 대신하

이토 히로부미 을사조약을 강제로 체결시킨 일본 전권 대사 이토 히로부미가 마차를 타고 거리를 지나고 있다. 마차 뒷자리 왼쪽에 앉은 사람이 이토 히로부미이다.

조선 통감부 일본이 한국을 완전히 병합할 목적으로 1906년 남산 기슭에 설치한 통치 기구이다. 이토 히로부미가 초대 통감으로 부임했다.

고, 나아가 통감부라는 관청을 두어 실질적으로 일본이 한국을 직접 통치한 다는 내용을 담고 있었어.

고종 황제는 이러한 조약에 서명할 수가 없었지. 그래서 일단 이토 히로부미에게 대신들과 의논해 보라고 했어. 말은 그렇게 했어도 조약에 반대한다는 뜻을 내비친 것이었지.

이토 히로부미는 정부의 여러 대신을 불러서 한국은 힘이 약하기 때문에 세계 여러 나라와 교섭하는 데 어려움이 있다며, 일본이 한국을 대신해 외교를 맡아 주면 한국이 더욱 빨리 근대화를 이루고 나라가 부강해질 것이라고 설득했어. 하지만 누가 봐도 이 조약을 맺으면 한국은 국제 무대에서 사라지고 일본의 보호를 받는 나라로 떨어지고 마는 것이었지. 그래서 찬성을 표시하는 대신들은 하나도 없었어.

그러자 이토 히로부미는 일본군을 동원해 공포스러운 분위기를 만든 뒤 대신들을 모아 놓고 회의를 열게 했어. 이토 히로부미는 그 회의에 직접 참가해서 이 조약을 맺지 않으면 한국에 큰 불행이 닥칠 것이라고 협박했어.

대신들은 이토 히로부미의 끈질긴 협박에 조금씩 마음이 흔들렸지. 총리대신 한규설만이 끝까지 반대 의견을 굽히지 않자, 이토 히로부미는 그를 나가게 하고 나머지 대신들만 모아 놓고 회의를 계속했어.

이토 히로부미는 대신들 이름을 한 사람씩 직접 불러 찬성할 것을 강요했어. 그러자 학부대신 이완용, 군부대신 이근택, 내부대신 이지용, 외부대신 박제순, 농상공부대신 권중현이 마지못해 찬성을 표했어. 그러자 이토 히로부미는 대신들 다수가 찬성했으므로 조약이 체결되었다고 선포하고는 조약 문서에 외부대신 박제순과 일본 공사 하야시 곤스케의 도장을 찍었지. 이것이 바로 나중에 '을사조약'으로 알려진 문서란다.

그런데 이토 히로부미의 주장과 달리 이 조약은 공식적으로 체결된 것이 아니었어. 무릇 나라끼리의 조약에는 국왕의 서명이 있

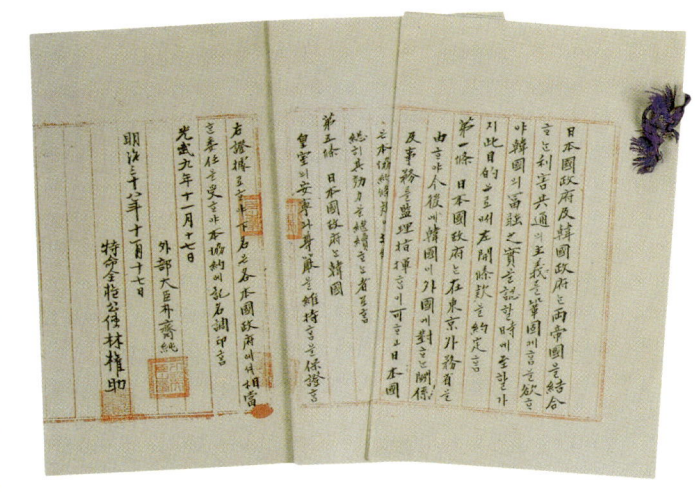

을사조약 전문 일본이 대한 제국의 외교권을 박탈해 간 을사조약 전문이다. 조약의 이름도 없고, 양국의 통치권자인 고종 황제와 일본 황제의 서명도 없다.

어야 하는데, 이 조약에는 고종 황제의 서명이 없거든. 심지어 이토 히로부미가 서두르는 바람에 조약의 이름마저 없단다. 이 해가 을사년이어서 부르기 쉽게 을사조약이라고 말할 뿐이야. 따라서 법률적으로 이 조약은 체결이 완료되지 않은 셈이었어. 그러나 국제 정세는 이미 일본에 유리하게 돌아가고 있었어. 미국, 영국 같은 강대국들이 을사조약을 기정사실로 받아들여 돌이킬 수 없는 일이 되어 버린 거야.

이에 유생들은 을사조약을 물리라는 상소를 올리고, 장지연은 황성신문에 논설을 실어 일본의 침략과 을사 5적을 강하게 비판했어. 민영환, 홍만식 등 많은 사람들이 울분을 토하고 스스로 목숨을 끊으면서 일본과 조약에 서명한 을사 5적을 규탄했지. 상인들도 가게 문을 닫고 학생도 학교에 가지 않는 등 온 국민이 일본의 강제 조약 체결에 저항했어. 의병을 조직해 총칼을 들고 일본에 맞서는 사람들도 많았단다.

민영환의 명함 유서 민영환은 을사조약에 항거하여 스스로 목숨을 끊으면서 자신의 명함에 유서를 남겼다.

【쫓겨난 고종, 해산된 군대】

일본은 을사조약에 따라 한국에 통감부를 세우고 을사조약을 밀어붙인 이토 히로부미를 통감으로 앉힌 뒤 사실상 한국을 통치하기 시작했어.

한편 고종은 이러한 위기 상황을 벗어나기 위해 비밀리에 노력을 기울이고 있었어. 특히 국제 무대에 한

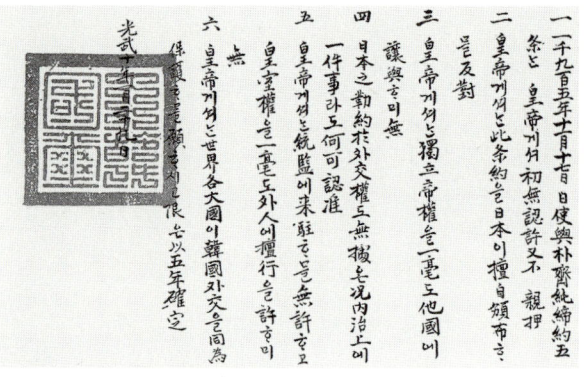

을사조약 무효 선언 국서 고종 황제가 을사조약이 무효임을 나라 안팎에 공식 선언한 첫 문서이다.

국의 사정을 알려 일본이 한국에서 손을 떼게 하려고 했어. 때마침 1907년에 네덜란드 헤이그에서 만국 평화 회의가 열린다는 소식을 들은 고종은 일본 몰래 이준, 이상설, 이위종 세 사람을 특사로 임명해서 회의에 파견해 한국의 사정을 호소하게 했어. 하지만 이 특사들은 회의에 참석하지도 못했어. 일본이 을사조약을 내세우며 한국의 외교는 일본이 대신하게 돼 있다고 주장했기 때문이야.

헤이그 특사 1907년 네덜란드 헤이그에서 열린 2차 만국 평화 회의에 특사로 파견된 이준, 이상설, 이위종이다.

고종의 위임장과 옥새

일본은 헤이그 밀사 사건을 겪은 뒤 한국을 완전하게 지배하기 위해 고종을 협박해서 왕 자리에서 물러나게 하고 그 뒤를 아들 순종이 잇게 했어. 또한 일본의 지배에 한국 국민이 반항하지 못하도록 군대를 해산해 버렸어. 그러자 군인들은 총을 들고 일본군에 저항했지만 그들도 대세를 바꿀 수는 없었어.

【 마침내 지도에서 사라진 한국 】

일본이 을사조약으로 한국의 외교권을 빼앗고, 1907년에는 고종을 내쫓은 뒤 자기들 말을 잘 듣는 순종을 왕으로 앉히고 군대까지 해산하자, 이제 한국은 나라 전체가 일본 차지가 되고 이름만 남은 상태가 되었어.

해산 전의 대한 제국 군대 동대문 부근 훈련원에서 훈련 중인 대한 제국 군인들의 모습이다. 이들 중에는 1907년 일본에 의해 강제로 해산당한 뒤 의병 운동에 참여한 군인들이 많았다.

이에 뜻있는 많은 사람들은 국경을 넘어 만주로 옮겨 가 의병 투쟁을 계속하기도 했단다. 그러던 중 안중근이 을사조약의 원흉 이토 히로부미를 암살하는 의거를 일으켰지. 그러자 일본은 군인 출신 데라우치 마사다케를 통감으로 앉히고 한국의 완전한 병합을 추진했어.

데라우치는 한국의 사법권마저 장악한 뒤 군대를 이용해 한국인들이 조금만 반항할 조짐을 보여도 잔혹하게 탄압했어. 데라우치가 부임한 뒤로 나라는 얼음처럼 차갑게 얼어붙었지.

데라우치는 살벌한 분위기를 만든 다음 총리대신 이완용에게 한·일 합병 조약 문서를 들이댔어. 이 조약의 1조는 "한국 황제 폐하는 한국 전부에 관한 일체의 통치권을 완전하고도 영구히 일본국 황제 폐하에게 양여한다."고 되어 있었지. 조선 사람 스스로 나라를 멸망시키고, 지도 위에서 한국을 지워 없애는 조약이었어.

이미 대세가 기울었다고 생각한 이완용은 황실에 대한 예우만은 잘해 달라고 부탁하며 조약에 서명했어. 순종 황제도 순순

한·일 합병 조약문
1910년 8월 22일 체결된 이 조약으로 우리나라는 국권을 빼앗기고 일본의 식민지가 되었다.

통감 관저 일본 통감이 살던 곳으로 남산 왜성대에 있었다. 이곳에서 한·일 합병 조약을 맺었다.

히 사태를 받아들였지. 조약이 발표된 1910년 8월 29일, 경복궁에는 커다란 일장기가 내걸렸어. 하지만 을사조약이나 군대 해산 때와 달리 거리에 저항하는 군중은 보이지 않고 일본 헌병의 군홧발 소리만 요란했단다.

이로써 1392년 이성계가 세운 조선 왕조는 518년 만에 막을 내리고, 우리 역사상 처음으로 완전하게 이민족의 지배를 받는 시대로 접어들었어. 짧게 보면 1876년 개항 이후 30여 년 동안 추진해 온 근대화 노력이 물거품이 되고 말았지. 이제 우리 민족 앞에 놓인 과제도 바뀌게 되었어. 그것은 바로 자주적 민족 국가를 세우기 위한 민족 해방 투쟁이었단다.

순종 황제 대한 제국의 마지막 황제 순종이 치욕적인 즉위식을 치른 뒤의 모습이다.

일장기가 걸린 경복궁 근정전 합병이 되자 일본은 한국의 국권을 찬탈했음을 상징하기 위해 경복궁 근정전에 일장기를 걸어 놓았다.

키워드+ 을사 5적

이완용은 왜 친일파가 되었나

을사조약 체결에 찬성한 박제순, 이완용, 이지용, 이근택, 권중현 등 5명의 대신들을 을사 5적이라고 한단다. 을사 5적 중에서도 특히 이완용은 총리대신이 되어 일본의 앞잡이 노릇을 했어. 그래서 사람들에게 대표적인 친일 민족 반역자로 꼽혀 비난받았지. 하지만 이완용이 처음부터 친일파였던 것은 아니었어. 이완용도 나라가 근대화되어 부강해지기를 바란 개화파 가운데 한 사람이었어. 그런 사람이 왜 민족을 배반하게 됐는지 찬찬히 살펴볼 필요가 있어.

양반집에서 태어난 이완용은 어릴 때부터 유교 경전을 공부해 과거 시험을 쳐서 관직을 얻었어. 매우 똑똑한 수재였지. 이완용이 관직을 얻은 때는 1882년이었어. 그 무렵에는 임오군란이 일어나 나라가 혼란스러웠지. 수구파와 개화파가 서로 싸우는 혼란스러운 정국을 보며 그는 개화파 편에 서서 나라를 위해 일해야겠다고 생각했어.

그 뒤 이완용은 미국 공사가 되어 미국에서 일하게 되었어. 미국에서 발달된 근대 산업과 문물을 경험한 그는 우리나라도 하루빨리 근대화를 이루어야 한다고 생각했어. 그래서 귀국한 뒤에는 독립 협회에 참여하여 개화파와 함께 열심히 활동했지.

그러나 고종은 독립 협회를 멀리하고 대한 제국을 선포한 뒤 러시아에 접근해 정치를 펼치기 시작했어. 이때 이완용은 계속 독립 협회에 남아 정부와 맞설 것인지 고종의 편에 서서 개혁 정책을 펼 것인지 고민했어. 결국 이완용은 관직도 없이 길거리에서 정부와 맞서 싸우기보다는 관직을 얻어 개혁 정책을 펼치는 편이 좋겠다고 판단했어. 그래서 친러파가 되어 외부대신, 학부대신, 농상공부대신 등을 맡아 나라를 근대화하는 정책을 펼쳐 나갔어.

그러던 중 러·일 전쟁이 일어나 러시아가 패하는 사태가 벌어졌어. 이번에도 이완용은 계속 러시아 편에 설 것인지 고민했지. 그런데 세계 정세의 흐름을 보니 러시아가 더 이상 힘을 쓰지 못하는 신세가 되는 것이었어. 그래서 러시아와 인연을 끊어 버렸지.

정세는 점점 일본에 유리하게 흘러갔고, 마침내 일본은 을사조약을 들이밀었어. 이완용은 생각했어. '러·일 전쟁으로 이미 대세는 기울었다. 앞으로 한반도의 정세는 일본이 의도한 대로 흘러갈 것이다. 그렇다면 일본의 비위를 맞추어 가며 우리의 이익을 도모해야 할 것이다.'라고 말이야. 그래서 을사조약 문서의 문구를 조금만 수정하면 받아들이겠다고 한 거지.

을사 5적 을사조약에 앞장선 5명의 관료 대신들. 왼쪽부터 학부대신 이완용, 외부대신 박제순, 내부대신 이지용, 군부대신 이근택, 농상공부대신 권중현이다.

이완용과 친일 내각 가운데가 고종의 일곱째 아들이자 조선의 마지막 황태자인 이은 황태자이고, 그 뒤 왼쪽에 있는 사람이 이완용이다.

한국 병합 기념장 일제가 조선을 병합하는 데 공로가 있는 자들에게 수여한 기념 메달이다.

　일단 일본에 협력하기로 하자 이완용은 점점 더 수렁으로 빠져들어 가듯이 친일파의 길을 걷게 되었어. 고종이 을사조약을 인정할 수 없다며 굳세게 버티자 이완용은 일본의 비위를 거스르지 않기 위해 고종이 물러나야 한다고 했어. 일본이 뜻하는 대로 행동한 거야.

　일본은 자기 뜻대로 움직여 주는 이완용에게 총리대신이라는 높은 직책을 주었고, 이완용은 그에 보답이라도 하듯 1910년 한·일 합병 조약을 처리하는 데 앞장섰지. 일본은 그의 공을 높이 평가해 백작이라는 귀족 지위와 중추원 고문이라는 높은 직책까지 주며 후하게 대우했어. 이 무렵 이완용의 눈에는 우리나라가 일본의 통치를 받으면서 근대화하고 있는 것으로 보였을 거야.

　이완용은 처음엔 개화파였지만 나중엔 친일파가 되어 민족을 배반했어. 왜 그랬을까? 그는 늘 어느 쪽이 강자인지 살펴서 강자의 편에 서려고 애를 썼어. 그에게 선택의 기준은 어느 길이 옳은가가 아니라, 어느 길이 대세인가였지. 사실 우리는 오늘날에도 그런 정치인들을 흔히 볼 수 있단다.

키워드 13 **최익현**

진정한 보수주의자의 면모

우리는 오늘날 정치인이나 문인들 가운데 스스로 보수주의자라고 자랑스럽게 내세우는 이들을 볼 수 있어. 보수주의는 급격한 변화보다는 현재 상태를 유지하기 위해 전통이나 옛 제도 따위를 굳게 지키는 사상을 가리켜. 개항기의 우리나라에서는 위정척사파가 보수주의자들이었지. 그들 가운데 진정한 보수주의자의 면모를 가장 잘 보여 준 이가 면암 최익현이었어.

【의병이 일어나다】

을사조약으로 대한 제국이 일본의 보호국으로 떨어지자, 뜻있는 많은 사람들이 자기가 사는 마을에서 병사를 일으켜 일본과의 싸움에 나섰어. 이런 사람들을 의병이라고 해. 의병은 앞서 을미사변과 단발령에 대한 반발로 일어났어. 한 나라의 왕비를 살해하고 우리 풍속을 함부로 해치려는 것에 양반들과 백성들이 저항했던 거지. 을사조약이 체결되자 이번에도 나라를 구하기 위해 의병이 일어난 거야.

의병 부대 을미사변 이후 일어난 의병 운동에는 농민, 군인, 유학자, 포수 등 다양한 사람들이 참여했다.

의병은 전국에서 들불처럼 일어났는데, 그 가운데 규모가 큰 부대로는 충청남도 홍주(지금의 홍성)에서 일어난 민종식 부대, 전라북도 태인에서 일어난 최익현 부대, 경상북도 영덕에서 일어난 신돌석 부대를 꼽을 수 있어. 평민 출신의 신돌석이 이끄는 의병은 무려 수천 명에 달할 때도 있었다고 해. 평민 의병장의 등장은 이 당시로서는 아주 이례적인 일이었단다.

1907년 일본이 대한 제국 군대를 강제로 해산시키자 많은 군인들이 무기를 들고 의병 부대에 합류했어. 잘 훈련받은 데다 무기까지 갖춘 군인들이 합류하자 의병의 조직력과 전투력은 더욱 높아졌지. 그래서 1905년부터 1909년 무렵까지 벌어진 의병 투쟁을 '의병 전쟁'이라고도 한단다.

【 올곧은 보수주의자 최익현 】

최익현은 전라북도 태인에서 전국의 국민들에게 일본과 맞서 싸울 것을 호소하는 포고문을 내고 의병 투쟁을 일으켰어. 이것은 최익현의 지난 삶을 살펴보면 새삼스러운 일이 아니었어. 그는 늘 자기가 옳다고 생각하는 일을 위해 온몸을 던졌거든.

최익현은 1833년 경기도 포천에 있는 양반집에서 태어났어. 어릴 때부터 유교 경전을 공부했고 과거에 급제해서 관직을 얻었지. 그러던 중에 철종이 죽고 고종이 즉위했어. 고종이 어려서 아버지 흥선 대원군이 대신 나라를 다스렸지. 그런데 고종이 스무 살이 되어 스스로 나라를 다스릴 나이가 되었는데도 흥선 대원군은 권력을 놓지 않았어.

최익현은 왕이 다스리는 조선이라는 나라에서 이런 일은 있을 수 없다고 생각했지. 그래서 흥선 대원군은 물러나야 하며, 국왕 고종이 직접 나라를 다스려야 한다는 상소문을 올렸어. 많은 유학자들이 흥선 대원군의 눈치를 보느라 머뭇거리고 있을 때 최익현은 겁먹지 않고 자기 소신을 밝힌 거야.

최익현의 상소가 계기가 되어 흥선 대원군이 물러나고 고종이 직접 나라를 다스리게 되었어. 한때 최익현은 고종과 왕비 민씨의 총애를 받았지. 그런데 고종이 일본의 압력에 굴복해 나라를 개방하는 강화도 조약을 맺자, 최익현은 이를 오랑캐에게 무릎 꿇는 것과 마찬가지라며 강력히 반대했어. 그 뒤에도 여러 차례에 걸쳐 일본은 오랑캐이며, 서양 문물을 받아들여서는 안 된다는 상소를 올렸지. 조선 사람은 유교 경전을 기준으로 삼아 옛날처럼 살아가야 한다는 주장이었어. 왕을 비판하는 상소 때문에 최익현은 여러 번 귀양살이를 해야만 했어.

세상은 점점 더 전통 유교와 다른 방향으로 흘러갔어. 급기야 1895년에는 상투를 자르고 서양식으로 머리를 자르라는 단발령까지 내려졌어. 그러자 최익현은 이는 곧 나라가 망할 징조라 생각하고 이렇게 외치며 완강하게 저항했지.

"상투를 자르려면 차라리 내 목을 쳐라!"

이번에도 최익현은 멀리 섬으로 유배를 당했지만, 조선이 유교의 덕목을 지키는 나라로 남아야 한다는 주장은 결코 굽히지 않았단다.

【 진정한 보수주의자의 면모 】

최익현의 걱정대로 조선은 점점 더 수렁으로 빠져들더니, 을사조약으로 나라가 망할 지경에 이르렀어. 그는 나라가 없어

단발령 상투 풍속을 없애고 머리카락을 짧게 자르라는 단발령이 떨어지자, 온 국민이 강력하게 반발했다.
사진은 단발령에 따라 서로 상투를 잘라 주는 모습이다.

대마도로 호송되는 최익현

진다면 자신의 목숨도 의미가 없다고 생각했어. 그래서 태인에서 포고문을 발표하고, 뒤이어 순창에서 약 400명의 의병을 이끌고 일본군과 전투를 벌였지.

그런데 최익현은 의병을 지휘하며 싸우다가 상대편에 일본군뿐 아니라 조선 관군도 있다는 것을 알고는 공격을 멈추었어.

"왜병이라면 마땅히 죽을 결심으로 결판을 내어야 하나, 관군이면 우리가 우리를 서로 공격하는 것이니 어찌 차마 그럴 수 있겠는가?"

결국 최익현은 체포되어 일본 대마도의 감옥에 갇히는 신세가 되었지. 최익현은 대마도 감옥에서도 꼿꼿하게 "왜놈들이 주는 음식은 먹지 않겠다."며 단식으로 저항했어. 물 한 모금조차 마시지 않는 단식 투쟁 끝에 병을 얻은 최익현은 결국 4개월 만에 세상을 떠나고 말았지.

최익현의 머릿속은 전통 유교만이 올바르고 당시 밀려들어 오던 서양 문물은 사악하다는 위정척사 사상으로 가득 차 있었어. 오늘날의 시각에서 보면 시대의 흐름을 읽지 못한 지독한 보수주의자였지. 그러나 최익현은 자신의 보수주의를 위해 목숨을 걸었어. 진정한 보수주의자의 면모를 보여 준 것이었지.

지금 우리 주변에서는 스스로 보수주의자라고 하면서 미국 같은 외세를 높이 떠받드는 이들을 볼 수 있어. 부정과 부패를 일삼은 권력자들을 감싸기도 하고 말이야. 그런 사람들을 보면 그들이 지키고자 하는 보수주의의 원칙이 무엇인지 의문이 들기도 해. 그런 사람들에게는 진정한 보수주의자가 되려면 최익현을 본받으라고 해야 하지 않을까?

키워드 14 **애국 계몽 운동**

나라를 살리려 마지막까지 힘쓴 개화파

1905년 을사조약 체결에서 1910년 한·일 합병에 이르는 5년 동안 대한 제국은 일본이 뜻한 대로 일본의 보호국에서 완전한 식민지로 변해 갔어. 어느 누구도 이 흐름을 막을 수 없었지. 하지만 1876년 강화도 조약 체결 이후 나라를 근대화하기 위해 애써 온 개화파는 가만히 손 놓고 있지만은 않았어. 이들은 나라를 위기에서 구하기 위해 마지막까지 최선을 다했단다.

【대한 자강회로 모이다】

을사조약으로 대한 제국이 일본의 보호국으로 떨어지자 많은 국민이 울분을 토했어. 그 가운데는 물론 개화파도 포함되어 있었지. 개화파는 그동안 갑신정변, 갑오개혁, 독립 협회 운동 등을 통해 나라를 근대화하기 위해 꾸준히 노력해 왔어. 하지만 그들의 노력이 성과를 거두지 못하고 나라가 기울자, 한편으로는 허무하고 다른 한편으로는 분노가 치밀었지.

그런 심정을 가장 강하게 드러낸 사람이 언론인 장지연이었어. 장지연은 을사조약이 맺어진 것을 보고 황성신문에 「시일야방성대곡

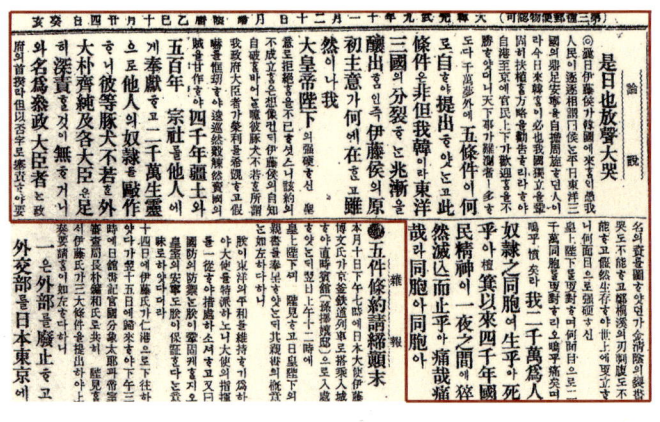

황성신문에 실린 장지연의 논설
을사조약 체결을 비통해하며 일제의 침략을 규탄하는 내용이 실려 있다.

(오늘을 목 놓아 우노라)」이라는 글을 실어 나라 잃은 처참한 심정을 피를 토하는 마음으로 표현했지.

장지연은 글을 쓰는 것으로 그치지 않았어. 나라를 살리기 위한 기회는 남아 있기 때문에 아직 포기할 때는 아니라고 생각했지. 그래서 개화파 지식인들을 끌어모아 단체를 만들었어. 그것이 대한 자강회였단다. 글자 그대로 대한 제국을 스스로 강하게 만들기 위해 일하자는 단체였지. 장지연과 동지들은 대한 자강회 초대 회장으로 개화파 사이에 믿음과 덕망이 높은 윤치호를 추대했어.

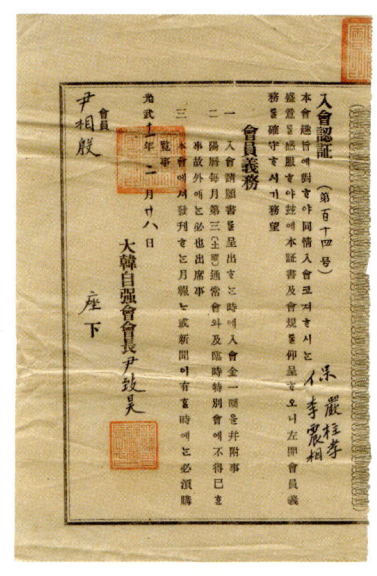

대한 자강회 입회 인증서
대한 자강회 회원임을 증명하는 증서이다. 회원의 세 가지 의무 사항과 회원 이름, 초대 회장 윤치호의 이름이 쓰여 있다.

대한 자강회는 우리가 스스로 강해지려고 노력하지 않아 국민이 우매하고 나라가 쇠퇴하여 마침내 다른 나라의 보호를 받게 되었다며, 이제라도 우리가 분발하여 자강에 힘쓰고 힘을 모으면 국권도 되찾을 수 있고 부강한 앞날을 기대할 수 있을 것이라고 주장했어.

대한 자강회는 무엇보다도 국민들에게 근대적인 교육을 해야 한다고 생각했어. 교육을 바탕으로 나라의 산업을 발전시켜야 부강한 나라가 되어 다른 나라로부터 스스로를 지킬 수 있는 힘을 얻게 된다는 거야.

그러나 일본은 대한 자강회가 힘을 기를 시간을 주지 않았어. 1907년 일본이 대한 제국 군대를 해산시키고 나아가 고종을 퇴위시키기에 이르렀거든. 대한 자강회가 이에 대한 일본의 행태를 강력히 규탄하자, 조선 통감부는 대한 자강회를 강제로 해산시켜 버리고 말았단다.

【 대한 협회와 신민회의 활약 】

대한 자강회는 해산당했지만 개화파는 좌절하지 않고 다시 뭉쳤어. 장지연은 이번엔 동학을 이어받은 천도교의 지도자 권동진, 오세창 등과 함께 대한 협회라는 단체를 만들었어.

대한 협회의 활동 목표는 대한 자강회와 다르지 않았어. 나라를 다시 일으키기 위해서는 먼저 국민들이 근대적인 의식을 갖도록 계몽해야 한다며 전국에 지부를 두고 많은 강연회를 열었어. 하지만 대한 협회는 대한 자강회가 강제로 해산당하는 것을 보았기 때문에 일본을 자극하는 활동은 자제했어. 그래서 강연회의 주제도 '지난 시대의 낡은 폐습을 버리자', '근검 절약하여 저축을 하자', '권리를 주장하되 의무를 지켜야 한다' 등 비정치적인 내용이 많았어.

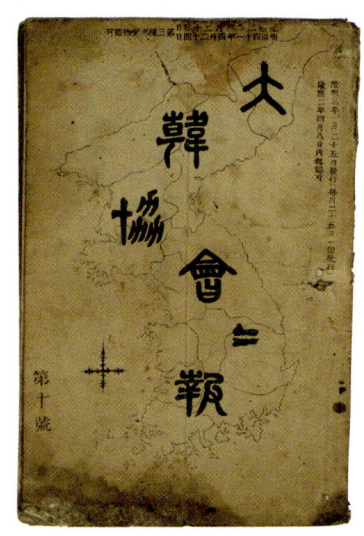

대한 협회 회보 1907년에 조직된 애국 계몽 운동 단체인 대한 협회에서 발간한 회보이다. 취지서와 협회 강령, 규칙 등이 실려 있다.

대한 협회는 살아남기 위해 한번 뒤로 물러선 뒤로 계속 후퇴하더니 마침내 일본에 협력하는 친일 단체로 변해 갔어. 그러다가 1910년 한·일 합병 조약이 맺어지자 뒤늦게 일본과 타협할 것을 거부했지만, 결국은 강제로 해산당하고 말았지.

한편 대한 자강회가 강제 해산되는 것을 지켜본 개화파 지식인들 중에는 더욱 적극적으로 일본에 맞서야 한다는 이들도 있었어. 이들의 지도자였던 안창호는 미국에서 활동하다가 1907년 귀국해 뜻을 같이하는 사람들을 모아 신민회라는 조직을 만들었어. 신민회는 일본의 감시를 피하려고 비밀 조직 단체로 활동하기로 했어.

신민회의 활동 목표도 대한 자강회와 크게 다르지 않았어. 하지만 장차

대성 학교 1908년 안창호가 평양에 세운 학교이다. 애국 계몽 운동가들은 근대 교육을 통해 독립 의식을 일깨우고 민족의 힘을 기르기 위해 대성 학교를 비롯해 보성 학교, 오산 학교 등 많은 학교를 세웠다.

나라 밖에 무관 학교를 설립하여 독립 전쟁에 대비하고, 나라 밖에 독립군 기지를 건설해 독립군을 창건한다는 목표를 세우기도 했어. 곧 당장은 국민을 계몽하고 실력을 기르는 데 중점을 두지만, 궁극적으로는 일본과 싸워 나라를 되찾는다는 것을 명확히 했지. 신민회에는 나중에 독립운동가로 크게 활약한 김구, 신채호, 이동휘 같은 이들도 참가했단다.

대한 자강회, 대한 협회, 신민회와 같은 애국 계몽 운동 단체는 열심히 활동했지만, 1910년의 한·일 합병을 막지는 못했어. 대한 자강회와 대한 협회를 이끈 사람들 가운데 장지연, 윤치호 같은 이들은 나중에 일본에 적극 협력하는 친일파가 되었지. 신민회는 1911년 일제가 독립운동가들을 탄압하면서 조직의 실체가 드러나 더는 활동할 수 없게 되었어. 이후 신민회에 참가했던 많은 이들은 나라를 떠나 외국에서 활동하기 시작했단다.

이렇게 보면 애국 계몽 운동은 실패한 운동이라고 할 수 있지. 하지만 우리는 성공한 역사뿐 아니라 실패한 역사도 알아야만 해. 실패한 역사 속에도 성공을 꿈꾸었던 많은 이들의 피와 땀이 녹아 있기 때문이야. 그들의 피와 땀이 있었기에 오늘날의 우리가 있는 거란다.

키워드 15 | 안중근

평화를 위해 총을 든 독립군

우리는 가끔 언론에서 일본인 가운데 안중근 의사를 존경하는 이들이 있다는 보도를 접하곤 해. 1909년, 당시 일본 정계의 거물 이토 히로부미를 저격한 '살인범'을 일본 사람들이 존경한다니 이상한 일이지? 하지만 안중근이 왜 총을 들었는지 그가 품었던 생각을 알게 되면 쉽게 이해할 수 있을 거야.

【 일찍부터 개화에 눈뜨다 】

안중근은 1879년 황해도 해주에서 태어났어. 그가 태어난 해는 1876년 일본과 강화도 조약을 맺으면서 나라를 개방해 개화의 물결이 밀려들기 시작할 무렵이었지. 그런데 안중근이 태어난 황해도는 이전부터 평안도와 함께 북쪽 국경선 너머 청나라에서 서양 문물이 들어오는 길목이었어. 말하자면 안중근이 태어난 때와 장소가 모두 개화의 물결을 가장 일찍 접할 수 있는 조건을 갖추고 있었던 거야.

이런 환경 덕분에 안중근의 아버지는 박영효 같은 개화파 지식인과 어울리며 활동했어.

그런데 안중근이 열여섯 살 되던 1894년, 호남 지방에서 동학 농민군이 나라의 개혁을 요구하며 들고일어났어. 동학 농민 운동은 순식간에 전국으로 번졌고, 황해도에서도 농민들을 중심

의거 직후의 안중근

으로 운동이 일어나 관아를 공격하는 등 격동의 물결이 밀어닥쳤어.

안중근의 아버지는 이를 보고 큰일이라고 생각했어. 나라를 하루빨리 개화해야 할 마당에 농민들이 죽창을 들고 정부를 공격하는 반란을 일으키는 것은 잘못이라고 생각했지. 개화파인 그는 동학 농민군이 서양의 문물을 받아들여 근대화를 이루는 데 반대한다고 본 거야. 그래서 안중근의 아버지는 스스로 동학군 토벌 의병을 조직해 동학 농민군을 토벌하는 일에 앞장섰어. 안중근도 동학군 토벌을 도왔지.

【 동양 평화론을 주장하다 】

1897년 안중근의 집안은 프랑스 선교사 벨렘 신부에게 천주교 세례를 받았어. 안중근도 '도마'라는 세례명을 받았지. 안중근은 천주교 활동을 하며 정세를 관찰했어. 일본이 청·일 전쟁과 러·일 전쟁에서 잇달아 승리하는 것을 보고는 앞으로 일본이 아시아의 강대국 노릇을 할 것으로 내다보았지.

이때까지만 해도 안중근은 일본을 미워하지 않았어. 오히려 일찌감치 서양 문물을 받아들여 근대화에 성공한 일본을 따라 배워야 한다고 생각했지. 나아가 한반도를 중심으로 어지럽게 돌아가는 국제 정세를 헤쳐 나가려면 일본과 협력해야 한다고 생각했어.

때마침 일본에서는 유력한 정치인 이토 히로부미가 '대동아 공영론'을 주장하고 있었어. 서양 세력이 아시아를 차지하기 위해 밀려오고 있는 마당에 아시아의 주요한 세 나라인 일본, 조선, 청나라가 힘을 모아 서양 세력을 물리치고 아시아의 평화를 지켜야 한다는 내용이야.

안중근은 이토 히로부미의 대동아 공영론이 올바른 정책이라고 생각했어. 그래서 러·일 전쟁에서 일본이 승리했을 때 아시아의 황인종이 유럽의 백인종을 이긴 것이라며 환영했지. 안중근은 일본이 주도적인 역할을 하되

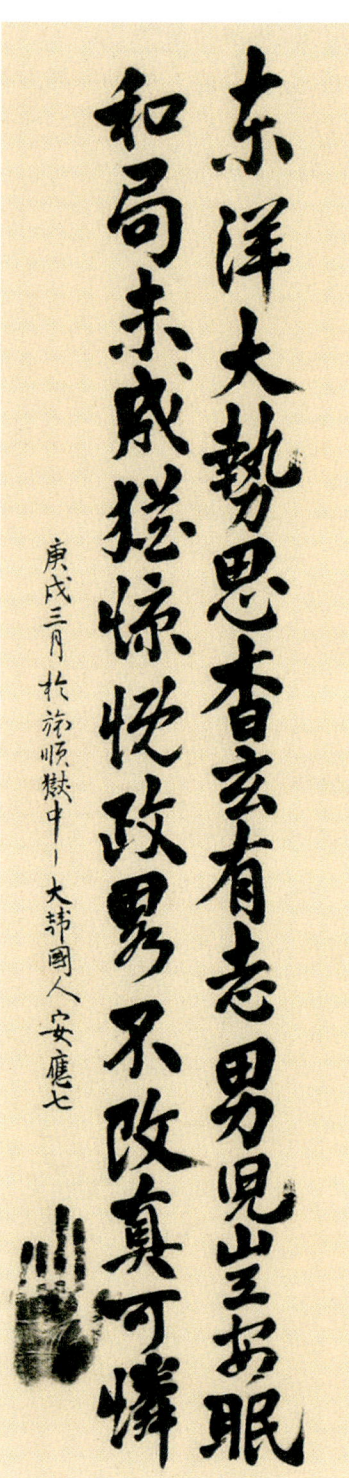

안중근의 글 안중근이 감옥에서 직접 쓴 글이다.
"동양 대세 생각하매 아득하고 어두우니, 뜻있는 사나이 어찌 편히 자리. 평화 시국 못 이룸이 이리도 슬픈지고. 침략 전쟁을 고치지 않으니 참으로 가엾도다."라고 쓰여 있다. 보물 569호.

조선과 청나라도 대등하게 협력하여 동양의 평화를 이루어야 한다고 생각했어.

【 거짓으로 밝혀진 대동아 공영론 】

그런데 러·일 전쟁에서 승리한 일본은 대동아 공영론을 배반하고 대한 제국을 일본의 속국으로 만들려는 속셈을 드러냈어. 이를 본 안중근은 큰 충격을 받고 일본은 믿을 수 없는 나라라고 여기게 되었지.

안중근은 어떻게 하면 나라를 위기에서 구할 수 있을까 궁리했어. 나라가 근대화하기 위해서는 먼저 사람들이 근대적인 지식을 배워야 한다고 생각했어. 그래서 돈의 학교와 삼흥 학교를 세우고, 안창호와 이준 같은 애국 독립운동가들을 초청해 강연회를 여는 등 교육 운동에 힘썼지. 을사조약 이후 쓰러져 가는 나라를 일으켜 세우려면 나라가 일본에 지고 있는 빚을 갚아야 한다며 국채 보상 운동이 일어났을 때도 적극 참여했고.

그런데 1907년이 되자 일본은 대한 제국 군대마저 해산시켰어. 이는 나라의 목숨 줄을 끊는 것과 같은 일이었지. 이제 온건한 운동으로는 효과가 없다고 판단한 안중근은 직접 총을 들고 일본과 싸우기로 결심했어. 하지만 국내에서는 의병 투쟁을 벌이기가 어려운 상황이었기 때문에 안중근은 일본의 손길이 미치지 못하는 두만강 건너 러시아 땅 블라디보스토크로 갔단다.

안중근은 블라디보스토크로 모여든 의병장들과 훈련하며 일본과 맞서 싸울 계획을 세웠어. 의병 참모중장으로서 블라디보스토크에서 국내로 진입하는 진공 작전에도 참가했지. 하지만 진공 작전이 실패해 의병의 사기가 꺾이자, 안중근은 마음을 다잡고 독립운동에 박차를 가하기 위해 11명의 동지들과 단지 동맹을 맺었어. '단지'는 손가락을 자른다는 뜻이야. 동맹을 맺을 때 안중근과 11명의 동지들이 왼손 넷째 손가락을 잘라 태극기에 혈서로 '대한 독립'이라고 썼다는구나.

그러던 중 안중근은 대동아 공영론을 주장한 이토 히로부미가 러시아 재무장관과 회담을 하기 위해 하얼빈을 방문한다는 사실을 알게 되었어. 안중근은 이것을 하늘이 준 기회로 받아들였어. 이토 히로부미를 암살해서 일본이 부당하게 대한 제국을 식민지로 만들려 한다는 사실을 널리 알리기로 한 거야. 그렇게 되면 침체되어 있는 의병 투쟁에도 활기를 불어넣을 수 있다고 보았지. 안중근은 자기 한 목숨을 던져 그렇게 될 수 있다면 망설일 이유가 없다고 생각했어.

안중근은 동지들과 함께 이토 히

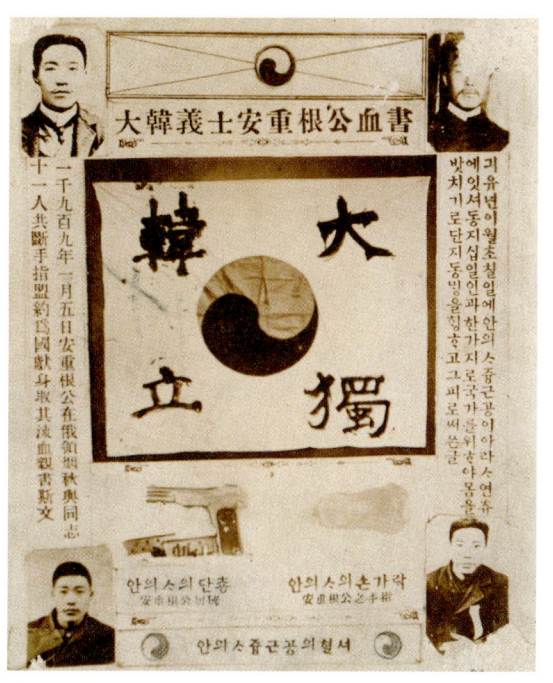

단지 혈서 엽서 안중근이 동지 11명과 함께 단지 동맹을 맺고 독립을 위해 목숨 바칠 것을 맹세하며 쓴 혈서를 엽서로 만든 것이다.

로부미를 저격하기로 계획을 세웠어. 하지만 안중근을 제외한 나머지 동지들이 모두 일본 경찰의 검문에 걸리는 바람에 안중근 혼자 하얼빈 역에 도착하게 된단다.

【 평화를 위해 총을 든 의거 】

1909년 10월 26일 오전 9시 30분. 안중근은 하얼빈 역에 내리는 이토 히로부미를 권총으로 사살했어. 안중근은 그 자리에서 바로 체포되어 일본 경찰에 넘겨졌지.

안중근은 경찰의 엄정한 수사를 받으면서도 당당하게 말했어.

"나는 개인적인 감정으로 이토 히로부미를 저격한 것이 아니다. 대한 제국의 참모중장으로서 적군을 사살한 것이니, 나를 살인범이 아니라 전쟁 포로로 대우해 달라."

안중근과 동지들
뤼순 법원에서 재판을 받고 있는 안중근(앞줄 오른쪽)과 우덕순, 조도선, 유동하이다.

이토 히로부미의 죄악 15개조
안중근은 이토 히로부미를 동양의 평화를 파괴한 원흉으로 규정하고, 그 근거로 명성 황후를 시해한 죄, 한국의 황제를 폐위시킨 죄, 을사조약을 강제로 체결한 죄, 한국인은 일본인의 보호를 받아야 한다고 세계에 거짓말을 퍼뜨린 죄 등 15가지를 제시했다.

안중근은 자기가 이토 히로부미를 저격한 이유를 15가지로 정리해 조목조목 밝혔어. 재판 과정에서도 동양 평화론을 주장하며 일본의 잘못을 꾸짖었지.

안중근은 결국 일본 재판정에서 사형 선고를 받고 뤼순 감옥에서 교수형을 당했어. 안타깝게도 그의 시신이 어디에 묻혔는지는 아직까지 아무도 몰라. 하지만 오늘날 일본 사람들 가운데에도 안중근이 주장한 동양 평화론에 공감하고 그의 정신을 높이 기리는 사람들이 있단다.

기우는 나라의 운명 115

3 일제 강점기의 시련을 넘어서

일본은 총칼을 앞세워 한국 사람들을 다스렸지만, 우리 민족은 나라를 잃은 비극 앞에서도 결코 낙담하지 않았어. 3·1 운동으로 전 세계에 독립하겠다는 뜻을 알리고, 임시 정부를 세워 독립을 향한 첫걸음을 내디뎠지. 하지만 일본이 중국과 미국을 상대로 전쟁을 일으키자 한국은 전쟁을 위한 보급 기지가 되어 혹독한 수탈을 당해야 했어. 우리 민족은 이 시련을 어떻게 헤쳐 나갔을까?

키워드 16 **동화 정책**

한국인은 이제부터 일본인이다?

1910년에 맺은 한·일 합병 조약으로 대한 제국과 일본은 한 나라가 되었어. 물론 일본과 대등한 자격으로 합친 것이 아니라, 대한 제국이 일본에 흡수된 것이지. 한국을 식민지로 삼는 데 성공한 뒤, 일본의 야욕은 바로 드러나기 시작했단다.

【 대동아 공영론의 허구 】

한·일 합병 조약이 맺어진 날 밤, 데라우치 통감은 잔치를 베풀고 감격에 겨워 말했어.

"고바야카와, 가토, 고니시가 살아 있었다면 오늘 밤 저 달을 보는 느낌이 어땠을까?"

고바야카와, 가토, 고니시는 1592년 임진왜란 때 일본군을 이끌고 조선을 침략한 장군들이야. 그러니까 300여 년 전 이루지 못한 꿈을 드디어 이루었다는 말이었지.

일본은 일찍부터 한반도를 침략하려는 욕심을 품어 왔어. 그런데 일본은 19세기 중반 이후 아시아 근대화의 선두 주자가 되면서 그 욕심을 그럴듯한 논리로 포장했단다. 그것이 바로 대동아 공영론인데, 일본을 중심으로 중국과 한반도가 하나의 나라를 이루어 함께 번영하자는 것이었어. 한·일 합병은 그것을 위한 첫 단계일 뿐이라는 것이었지.

그렇지만 한·일 합병을 이룬 뒤에는 대동아 공영론을 슬쩍 바꾸어서 일본과 한국은 둘이 아닌 하나라고 주장했어. 한반도는 별개의 나라가 아니라 일본의 일부라는 것이지. 그래서 한반도를 일본과 똑같이 만들어야 한다며 여러 가지 정책을 펼쳤어.

먼저 한국 사람은 더 이상 한국 사람이 아니라 일본 사람이 되어야 했어. 한국은 스스로 근대화를 이룰 의지도 없고 능력도 없기 때문에 일본 사람으로 개조되어야 근대화를 이룰 수 있다는 거야. 이를 위해서는 교육이 중요했어. 그래서 전통 교육 기관인 서당을 없애고 모든 어린이들을 보통학교(지금의 초등학교)에 다니게 했지. 이에 따라 대부분의 한국 어린이들이 근대식 교육을 받게 되었어.

일본이 한국 어린이들을 교육하는 목적은 단지 근대적인 지식을 가르쳐 주는 데 있지 않았어. 가장 큰 목적은 한국 사람 스스로가 한국 사람이 아니라 일본 사람이라고 생각하도록 인간 자체를 바꾸는 데 있었거든. 이 때문에 한국 사람들은 오랫동안 몸에 익힌 문화와 풍습을 버려야 했어. 게다가 학교에서는 한국 사람들이 예부터 당파 싸움만 일삼느라 나라를 발전시키지 못했다느니, 한국인은 원래부터 게으르고 더럽다느니 하는 교육을 시

1910년 무렵 국립 보통학교의 수업 광경

켰지.

일본이 가장 중요하게 여긴 것은 말이었어. 일본어를 쓰면 자연스럽게 일본 사람이 될 테니까 말이야. 그래서 일본은 일본어를 보급하는 데 온 힘을 기울였어. 그러다가 일제 강점기 말에는 학교에서든 집에서든 아예 일본어만 쓰도록 강요했단다.

【허울뿐인 근대화】

을사조약에서 한·일 합병 조약에 이르기까지 일본이 한국을 쉽게 차지한 것은 아니었어. 일본은 수많은 의병들의 저항에 맞닥뜨려야 했는데, 그 기세는 한·일 합병 이후에도 이어지고 있었지.

일본은 이러한 저항을 끊지 않고서는 한국 사람을 일본 사람으로 변화시킬 수 없다는 것을 알고 있었어. 그래서 한국 사람이 저항할 엄두를 내지 못하도록 힘으로 억누르기로 했지. 헌병 경찰 제도를 실시해 사회 질서를 감독하는 경찰 업무를 군인에게 맡기기로 한 거야. 헌병은 군대의 경찰을 말

거리를 활보하는 일본 헌병
헌병은 독립운동을 탄압했을 뿐만 아니라 한국인의 일상생활까지 낱낱이 감시했다. "호랑이가 온다."고 해도 울음을 그치지 않던 아이가 "헌병이 온다."고 하면 울음을 뚝 그칠 정도로 헌병은 한국인에게 공포의 대상이었다.

서울 헌병대 용산 분대 헌병들과 칼 찬 교사들 일제는 헌병 경찰제에 따라 교사들까지 경찰 복장과 비슷한 제복을 입고 칼을 찬 채 수업을 하게 함으로써 공포 분위기를 만들었다.

해. 오늘날 길거리에서 교통 단속을 하는 사람이 일반 경찰이 아니라 군복을 입고 총으로 무장한 군인이라고 생각해 보렴. 분위기가 살벌하겠지? 일본은 바로 그런 점을 노린 거야.

일본은 분위기만 무섭게 한 게 아니라 실제로 한국 사람들을 심하게 다루었어. 한국 사람들이 옛날 생각에 사로잡혀 새로운 것을 잘 받아들이지 않고 반항만 한다며 "조선 사람은 두들겨 패야 말을 듣는다."고 했어. 일본은 실제로 조선 태형령이라는 법령을 만들어 법을 어긴 사람을 매로 다스리기도 했어. 한국이 미개해서 자신들이 근대화시켜 준다면서 미개한 형벌의 대표 격인 곤장형을 오히려 강화한 거야. 말하자면 한국 사람들은 미개하기 때문에 미개한 방식으로 다스려야 한다는 것이었지.

이렇게 일본은 대한 제국을 차지한 뒤 한국 사람을 일본 사람으로 바꾸는 이른바 '동화 정책'을 폈어. 이는 한국 사람을 위해서가 아니라 한국 사람이 일본의 지배에 저항하지 못하도록 정신 상태를 바꾸려는 것이었지.

그러나 한국 사람들은 일본의 뜻대로 움직이지 않았어. 오히려 일본의 강압적인 지배가 심해질수록 민족의식을 자각하는 이들은 늘어 갔단다.

키워드 17 　토지 조사 사업

'토지 제도를 뜯어고쳐라'

한·일 합병으로 대한 제국을 식민지로 만든 일본 제국주의는 곧바로 토지 조사 사업에 착수했어. 8년 동안 전국에 걸쳐 토지 조사 사업을 실시해서 1918년에 마쳤지. 일본은 왜 이런 사업을 벌였을까? 많은 사람들이 토지 조사 사업은 일본이 우리 땅을 빼앗아 가기 위한 수탈 정책이었다고 주장하고 있어. 그런데 꼼꼼히 살펴보면 그런 주장에는 큰 허점이 있단다.

【 왜 토지 조사 사업을 하려고 했을까 】

1910년 한·일 합병 조약으로 한반도는 일본의 식민지가 되었어. 곧 일본 영토의 일부가 되었다는 말이지. 그런데 일본은 이 한반도라는 식민지를 어떻게 다룰 생각이었을까? 일본 사람들이 와서 제멋대로 땅을 차지하고, 농산물이나 광산물 따위를 마구 빼앗아 가게 할 작정이었을까?

　그렇지 않았단다. 생각해 보렴. 그렇게 마구잡이로 빼앗아 가면 한반도는 금세 거덜 나 버리겠지. 그다음에는 아무 쓸모도 없어질 거야. 그건 일본 사람들이 바라는 게 아니었어. 길게 보면 한반도에서 값싸고 질 좋은 농산물과 광산물이 더 많이 생산되게 해서 일본으로 가져가는 편이 훨씬 더 이득이 되지 않겠니? 또 한국 사람들이 어느 정도 먹고살 형편이 되어야 일본에서 만든 공산품을 사 주어 일본 기업들이 더 많은 돈을 벌 수 있을 테고 말이야.

　따라서 한·일 합병 직후부터 토지 조사 사업에 착수한 목적은 한국의 토지 제도를 근대화해서 농업 생산량을 더욱 높이려는 데 있었단다. 합병 당시 우리나라 토지 제도는 아직도 근대화되지 못한 채 조선 시대의 옛 토지 제도를 그대로 물려받고 있었어. 조선 시대 토지 제도에서 가장 근본이 되는 원칙은 모든 토지는 국왕, 곧 국가 소유이고 개인은 토지를 소유할 수 없다는 것이었어.

하지만 왕실 귀족이나 관리들은 많은 땅을 가지고 떵떵거리며 살지 않았느냐고 반문할지도 몰라. 그건 이렇단다. 나라에서는 귀족이나 관리들에게 돈이나 식량으로 월급을 주기도 했지만, 기본적으로는 일정한 땅에서 소작료를 거둘 권리를 주었어. 곧 그 땅에서 농민들이 농사를 짓게 하고 법에서 정한 만큼의 소작료를 거두어 가져간 거야. 이런 권리를 죽을 때까지 누리고, 죽은 뒤에는 자식들에게 물려주기도 했단다. 따라서 겉으로는 그 땅을 마치 그 귀족이나 관리가 소유한 것처럼 보였지.

물론 조선 후기에 이르면 국가의 힘이 약해지면서 양반들이 땅을 제 것

처럼 개인적으로 사고파는 일이 흔해졌어. 말하자면 근대적인 소유권과 비슷한 개념이 생겨난 거야. 하지만 그것은 어디까지나 관습에 불과했을 뿐, 근대적인 의미에서 개인의 토지 소유권을 인정한 것은 아니었어.

근대 사회는 개인의 토지 소유권을 법률적으로 인정하는 사회야. 그래서 개인은 아무런 제약도 받지 않고 토지를 물건처럼 거래하는 것이 가능해지지. 이렇게 되면 권력이 없더라도 돈 있는 사람들은 토지를 더 많이 사들여서 더 큰 규모로 농사를 지을 수 있게 돼. 일제는 한국을 합병한 뒤 바로 이런 방식으로 한국의 농업을 발전시켜야 한다고 생각했던 거야.

그런데 일본이 한국을 합병하고 보니 한국의 토지 제도가 근대화되어 있지 않아서 토지를 사고파는 데 어려움이 따랐어. 이래서는 한국의 농업 생산량을 늘릴 정책을 펼 수가 없었지. 그래서 낡은 구식 토지 제도를 없애고 새로이 근대화한 토지 제도를 서둘러 확립해야겠다고 생각했단다.

【 토지 소유권이 확립되다 】

1910년부터 시작된 토지 조사 사업에서는 먼저 농민이 자기 땅이라고 생각하는 토지를 신고하게 했어. 그러면 그 토지를 정확하게 측량해서 지적도(토지의 소재, 토지 번호, 토지의 용도, 경계 따위를 나타내기 위해 만든 평면 지도)를 만들고, 총독부 관리가 이를 심사하여 주변에서 다른 의견이 없으면 그 땅을 신고한 사람의 소유로 등록해 주었지.

그러나 당시 한국 농민들은 전통적으로 땅은 나라의 것이라고 생각해 왔기 때문에 자기 소유로 신고하기를 꺼렸어. 더구나 우리나라를 침략한 일제가 실시하는 제도라 저항하는 마음에서 일부러 신고하지 않기도 했지. 하지만 신고하면 자기 마음대로 처분할 수 있는 권리가 생긴다는 사실을 알게 되면서 점차 신고하는 이들이 늘어났어. 그 결과 토지 조사 사업 전에는 한

분쟁지 조사 토지의 경계와 소유권 문제로 분쟁이 일어난 곳에서 일본인 관리가 조사를 벌이고 있다. 사진에 보이는 말뚝은 각자 자기 땅이라고 주장하며 세운 것이다.

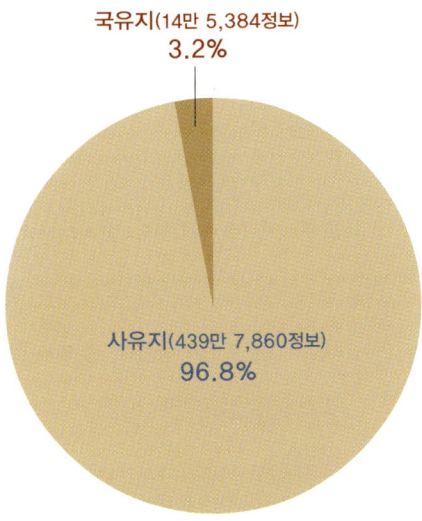

토지 조사 사업 후의 농지 현황(1919년 기준)
전체 농지 : 454만 3,244정보

국의 경지 면적이 약 240만 정보(1정보 = 약 1만 제곱미터)였는데, 사업 후에는 약 450만 정보로 두 배 가까이 늘어났지.

그런데 이 과정에서 골치 아픈 문제도 생겼어. 우리나라는 예부터 마을 주변 목초지에 마을 사람 누구나 가축을 풀어 기르곤 했거든. 말하자면 마을 공동의 땅이었는데, 이 땅을 누구 소유로 할 것인지 문제가 된 거야. 일제는 이런 땅을 나라의 토지, 곧 국유지로 등록했어.

일부 학자들은 이를 두고 토지 조사 사업은 일제가 우리 토지를 빼앗아 가기 위한 것이었다고 비판해. 하지만 이런 토지는 등록된 전체 농지의 3퍼센트 남짓으로 일부에 지나지 않았어. 토지 조사 사업의 근본 목적은 어디까지나 조선 시대의 낡은 토지 제도를 버리고, 토지마다 주인이 정해진 새로운 근대적 토지 제도를 만드는 것이었거든.

1918년에 토지 조사 사업을 끝마치자 전국의 모든 경작지에 대한 상세한 지적도가 작성되고 토지 대장이 만들어졌지. 토지 대장을 바탕으로 토지 소유권자를 확실하게 기록한 등기부도 만들어지고 말이야.

【 부익부 빈익빈의 한국 농촌 】

토지 조사 사업이 끝나자 이전에는 볼 수 없던 현상이 나타났어. 토지를 아주 손쉽게 사고팔게 된 거야. 특히 일제는 국유지로 들어간 토지를 일제가 세운 동양 척식 주식회사에 싼값으로 팔아넘겼어. 동양 척식 주식회사는 그 땅을 한국에 온 일본 사람들에게 되팔았지. 일본 사람들은 한국 사람보다 부자였기 때문에 한국 사람들한테서도 땅을 계속 사들였어.

한편 일본은 토지 조사 사업을 하면서 전국의 모든 토지에 값을 정하고 세금을 매겼어. 이 세금은 이전에 농민들이 내던 소작료보다 더 많았어. 그러자 살기가 힘들어진 농민들이 일본인 지주들에게 땅을 팔았어. 땅을 판 농민들은 다시 그 땅을 빌려서 소작료를 내고 농사를 짓거나, 돈을 받고 일하는 노동자가 되었지.

동양 척식 주식회사
일본은 동양 척식 주식회사를 통해 한국 땅을 사들여 직접 경영하거나 한국으로 이주해 온 일본인에게 팔았다. 땅이 없는 한국 농민들은 이 회사의 땅을 빌려 농사를 짓고 비싼 소작료를 내야 했다.

반면에 땅이 많은 대지주는 소작농과 농업 노동자를 고용해서 큰 규모로 농사를 지어 많은 생산량을 올릴 수 있었어. 말하자면 부자는 점점 더 부자가 되고 가난한 농민은 더욱더 쪼들리게 되었다는 말이지. 일본이 추구한 근대화에는 바로 이런 어두운 그림자가 숨어 있었던 거야.

움막집 땅을 빼앗기고 소작농이 되었다가 소작료를 내지 못한 많은 농민들은 해외로 이주하거나, 도시로 가서 막노동을 하며 근근이 살아가는 도시 빈민층이 되었다. 1930년대 빈민들이 도시 변두리에 짓고 살았던 움막집이다.

결국 토지 조사 사업은 일본 사람들이 한국의 땅을 마구잡이로 빼앗아 가기 위한 것은 아니었어. 한국의 토지 제도를 자본주의에 걸맞은 제도로 근대화하고, 그것을 바탕으로 토지 거래를 자유롭게 만들어 대규모로 농사지을 수 있는 부농을 육성하기 위한 것이었지.

그러한 목표는 일본이 뜻한 대로 이루어졌어. 하지만 그 과정에서 일부 대지주를 제외한 많은 농민들은 더욱 굶주리고 가난해졌어. 일제는 그런 현실에는 눈감고 전체적으로 농업 생산량이 늘어나는 데만 신경을 썼지. 이것이 바로 한국 농민에 대한 일제의 수탈 방식이었어. 마구 빼앗아 가는 전근대적인 수탈이 아니라, 자본주의적인 제도를 도입해 농민을 교묘하게 쥐어짜는 고도의 수탈이었단다.

키워드 18   3·1 운동

한반도에 울려 퍼진 '대한 독립 만세'

일본 제국주의의 식민 통치는 날이 갈수록 한국 사람들의 민족의식을 키워 주는 역할을 했어. 한국 사람들의 민족의식은 드디어 3·1 운동으로 폭발했지. 1919년 3월 1일, 서울과 평양 등지에서 독립 선언서 낭독과 '대한 독립 만세'를 외치는 시위로 시작된 3·1 운동은 4월 말까지 온 나라를 휩쓸었단다.

【 우리나라가 독립국임을 선포하다 】

1919년 3월 1일 오후 2시. 서울 종로에 있는 태화관이라는 음식점에 민족 대표 33명 중 29명이 모였어. 이들은 천도교, 기독교, 불교를 대표하는 사람들로, 중요한 정세를 맞아 우리 민족의 뜻을 나라 안팎에 알릴 필요가 있다고 공감해서 이 자리를 준비했어. 그리고 이날 독립 선언서를 통해 우리나라는 일본의 종속국이 아니라 독립국임을 선포했단다. 그동안 일제가 펼

3·1 독립 선언서 손병희를 비롯한 민족 대표 33명이 조선이 독립국임과 조선인이 자주민임을 선포한 선언서이다.

독립 선언식을 거행한 태화관 건물

민족 대표 독립 선언 기록화 1919년 3월 1일 오후 2시 태화관에서 종교계 지도자로 구성된 민족 대표 33명 가운데 29명이 참석해 독립 선언식을 거행하는 장면을 그린 그림이다.

쳐 온 동화 정책이 아무 효과도 없었음을 드러낸 셈이었지. 민족 대표들은 선언서를 낭독하고 스스로 경찰에 연락해 체포당했어. 어디까지나 평화로운 의사 표시로 만족한다는 뜻이었어.

하지만 젊은 학생들과 시민들은 달랐어. 탑골 공원에 모여 있던 5천여 명이 독립 만세를 외치며 시위를 벌이기 시작했어. 시위는 순식간에 서울의 중심가 전체로 퍼져 나갔어. 일제의 헌병 경찰은 사태가 심상치 않다는 것을 깨닫고 군대를 출동시켜 시위를 막았어. 이 과정에서 나이 어린 여학생들이 군인들에게 폭행을 당하며 비참하게 끌려가기도 했어. 이를 지켜본 시민들은 더욱 분노하여 시위 군중은 점점 더 늘어났지.

서울에서 시위가 벌어졌다는 소식이 지방으로 퍼지면서 시위는 전국으로 확산되기 시작했어. 3월 내내 전국을 휩쓴 시위는 4월에 접어들어서도 기세가 꺾이지 않고 나라 전체를 뜨겁게 달구었단다.

일제 강점기의 시련을 넘어서

3·1 운동

일본은 한국 사람을 일본 사람으로 바꾸려고 갖은 애를 썼지만, 일본의 식민지가 된 지 9년이 지났어도 독립을 향한 한민족의 의지는 약해지지 않았다. 오히려 더욱 강해져서 마침내 1919년 3월 1일 전 민족의 독립 만세 함성으로 터져 나왔다.

서울 종로에서 만세를 외치는 사람들 탑골 공원에서 한 학생이 독립 선언서를 낭독하자, 수많은 사람들이 "대한 독립 만세"를 외치며 종로 거리로 달려 나갔다.

만세를 외치는 여성들 시위 참가자 중에는 부녀자와 여학생들도 많았다.

덕수궁 앞 시위 광경 1919년 3월 3일 덕수궁에서 고종의 장례식이 치러지자, 고종을 애도하기 위해 거리로 나온 시민들이 독립 선언서 낭독 소식을 듣고 만세 시위를 벌였다.

유관순 수형 기록표 고향인 충청남도 천안에서 만세 운동을 벌이다가 체포된 이화 학당 여학생 유관순이 서대문 형무소에 갇혀 있을 때 작성된 수형표이다. 유관순은 심한 고문을 받고 옥사했다.

미국 동포들의 시위 행진 미국에 살고 있던 동포들도 국내에서 일어난 3·1 운동 소식을 듣고 조선의 독립을 요구하는 시위를 벌였다.

태극기 목각판 3·1 운동 때 태극기를 대량으로 찍어 내기 위해 만든 인쇄용 목각판이다.

총살당한 만세 시위자들 일본 헌병이 만세 시위자들을 처형하는 장면이다.

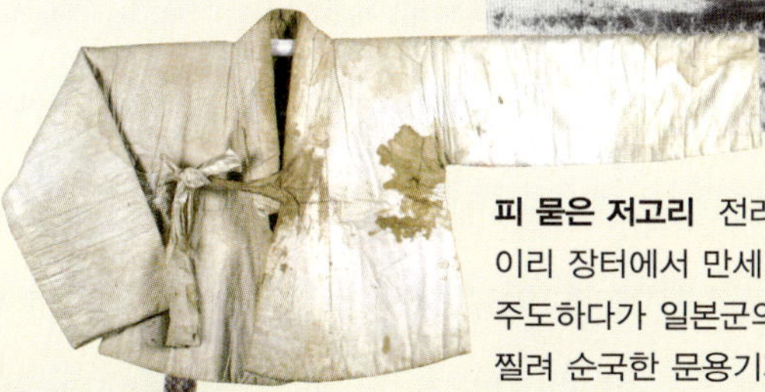

피 묻은 저고리 전라북도 이리 장터에서 만세 시위를 주도하다가 일본군의 칼에 찔려 순국한 문용기가 입었던 옷이다.

압송되는 시위자들 3·1 운동에 참여한 시위자들이 경찰의 감시를 받으며 법정으로 가고 있다.

【 국제 정세는 한국 독립의 편 】

3·1 운동이 이렇게 폭발적으로 일어난 이유는 어디에 있을까? 물론 일제가 무단 통치를 펴며 우리 민족을 억압하자 그에 대한 반작용으로 민족의식이 더욱 강해진 면이 있었지. 하지만 국제 정세 또한 우리 민족에게 독립의 희망을 불러일으키는 방향으로 흘러가고 있었단다.

첫째는 1917년 러시아에서 일어난 사회주의 혁명이야. 러시아 혁명으로 들어선 새 나라 소비에트 연방(소련)은 미국, 영국, 프랑스와 같이 다른 나라를 무력으로 지배하려는 제국주의에 반대하며 약소민족의 독립을 지원하겠다고 선언했지. 그동안 강대국들은 한결같이 식민지를 탐내는 제국주의 국가였어. 그런데 소비에트 연방은 그 반대로 식민지 편에 서겠다고 한 것이니, 한국 사람들은 소비에트 연방에 큰 희망을 걸게 된 거야.

한편 1차 세계 대전이 끝나고 남은 문제를 처리하기 위해 1918년에 열린 파리 강화 회의에서 미국 대통령 윌슨이 내건 민족 자결주의 원칙도 한국 사람들에게 큰 희망이 되었어. 민족 자결주의란 1차 세계 대전에서 패한 독일과 이탈리아 등이 차지하고 있던 식민지의 장래를 그 식민지의 뜻에 따라 결정하게 하자는 것이었어. 쉽게 말하면 패전국의 식민지에 독립을 허용해야 한다는 것이었지.

비록 일본은 패전국이 아

파리 강화 회의에 파견된 김규식
중국 상하이에서 활동하던 독립운동가들은 우리 민족의 독립 의지를 알리기 위해 김규식을 파리 강화 회의에 파견했다. 앞줄 맨 오른쪽이 김규식이다.

니었지만, 한국 사람들은 윌슨의 민족 자결주의 정신에 따라 한국도 독립이 되어야 마땅하다고 여겼어. 물론 나중에 밝혀진 바에 따르면 윌슨은 한국을 염두에 두지 않았지만, 1918년 당시 한국 사람들에게는 희소식이었던 거야.

이와 같이 국제 정세가 한국의 독립에 유리하게 돌아간다고 생각했기 때문에 각계각층의 대표자들이 모여 독립 선언서를 만들었던 거란다.

【 일제의 본성을 드러낸 제암리 학살 사건 】

조선 총독부는 3·1 운동이 들불처럼 번져 나가자 적잖이 당황했어. 그동안 펼쳐 온 동화 정책에 따라 한국 사람들이 웬만큼 일본 사람으로 개조되었다고 생각했는데, 실제로는 전혀 그렇지 않다는 것이 밝혀진 셈이었으니까.

당황한 일본은 뒤에서 독립운동을 조종하는 불순한 세력이 있다고 생각했어. 그리고 그 불순한 세력은 서양의 사주를 받은 기독교와 한국 사람들의 민족의식을 일깨우는 천도교라고 지목했지. 이러한 생각에서 일어난 비극이 바로 제암리 학살 사건이란다.

3·1 운동의 열기는 경기도 수원군(지금의 화성시)의 제암리까지 퍼져 3월 30일에는 발안 장터에서 만세 시위가 벌어졌어. 사람들은 날이 저물어도 흩어지지 않고 주변 산 위로 올라가 봉화를 피워 올리고 횃불을 밝히며 시위를 계속했어. 이튿날 헌병 경찰이 출동해 시위를 진압했지만, 그 뒤로도 장날이 되어 장터에 사람들이 모이면 시위가 벌어졌어. 그러자 총독부에서는 이 지역에 군대를 출동시켰지.

아리타 중위가 육군 보병 11명을 이끌고 제암리에 나타났어. 아리타는 시위 운동이 끊이지 않고 벌어지는 것은 뒤에 기독교와 천도교 조직이 있기 때문이라 여기고, 이들을 제거해야만 시위도 잠잠해질 거라고 판단했지. 그래서 제암리 교회가 있는 마을 일대에 사는 기독교인들과 천도교인들을 불러 모았어. 아무 영문도 모르고 30여 명의 사람들이 교회로 모였지.

　아리타는 형식적으로 몇 가지 질문을 한 뒤 부하들에게 사격 명령을 내렸어. 제암리 교회가 순식간에 학살 터가 된 거야. 아리타는 조선 사람들이 피 흘리며 쓰러진 현장을 감추기 위해 교회에 불을 지르게 했어. 때마침 불어닥친 바람을 타고 불이 민가로 옮겨 붙는 바람에 교회는 물론이고 마을까지 불바다가 되었지.

　제암리 학살 소식이 널리 전해지자 사람들은 일제의 만행에 치를 떨었어. 하지만 총독부는 소문에 지나지 않는다며 잡아뗴었지.

　이때 세브란스 의학 전문학교에서 의학을 가르치던 캐나다 인 스코필드가 이 소식을 들었어. 스코필드는 일본 때문에 고통받는 한국 사람들을 위해 일하던 사람이었어. 그는 이름까지 한국식으로 석호필이라 바꾸고 한국

폐허가 된 제암리 마을과 가족을 잃은 유족들
일본군은 제암리 마을에 있는 33채의 집 가운데 외딴집 2채만 남기고 모두 불태워 버렸다. 아래 사진은 스코필드가 제암리 학살 사건을 몰래 취재한 내용을 기록한 공책과 수첩이다.

사람들과 함께해 왔어. 석호필은 제암리로 달려가 일본 군대가 저지른 만행을 확인했어. 그리고 그 사실을 글로 써서 세계에 알렸단다.

일본도 '미개한' 한국 사람이 아니라 '근대화한' 서양 사람이 하는 말을 거짓말이라고 몰아붙일 수가 없었어. 그래서 마지못해 사실을 인정하고 아리타 중위를 체포해 군사 재판에 넘겼지. 그러나 몇 달이 지나 사건이 잠잠해지자 아리타는 무죄로 풀려나고 말았어. 그래도 석호필의 활약 덕분에 제암리 사건은 세계 여러 나라에 전해져 일본의 만행이 널리 알려졌지.

3·1 운동은 우리 민족의 독립 의지를 하나로 모으는 중요한 계기가 되었어. 그것은 임시 정부 수립이라는 열매로 맺어졌지. 3·1 운동이 이후 우리나라 독립운동의 이정표가 된 거야. 반면에 일본은 그동안 강압적으로 펼쳐온 무단 통치가 안 좋은 결과만 냈다는 것을 깨닫고 통치 방식을 바꾸게 되었어. 곧 무단 통치에서 문화 통치로 바꾼 거야. 그 뒤의 정세는 우리 민족의 임시 정부와 일제의 문화 통치가 대결하는 형세가 되었단다.

키워드 19 대한민국 임시 정부

3·1 운동, 대한민국 임시 정부를 낳다

3·1 운동이 거대한 불길처럼 솟아오르자 우리 민족 스스로도 놀랐단다. 독립을 향한 온 민족의 열망이 이토록 뜨겁다는 사실을 뼈저리게 느끼게 된 거야. 사람들의 뜻이 이렇다면 실제로 독립을 이룰 날도 멀지 않았다고 생각했지. 그런 뜻이 모여서 임시 정부를 세우는 데까지 나아갔단다.

【 한성 임시 정부가 세워지다 】

3·1 운동의 열기는 예상 밖으로 뜨겁게 달아올랐어. 그러자 전국 곳곳에서 뜻있는 이들이 모여, 이러한 열기를 이어받아 임시 정부를 꾸리자는 의견을 내놓았어. 만세 운동만 벌일 게 아니라 나라를 되찾기 위한 실질적인 일을 시작하자는 것이었지.

임시 정부를 세우자는 움직임 가운데 가장 큰 움직임은 서울에서 있었어. 3·1 운동이 기독교, 천도교, 불교 등 종교 조직의 힘을 바탕으로 일어났듯이 천도교 대표 안상덕, 기독교 대표 박용희·장붕·이규갑, 유교 대표 김규, 불교 대표 이종욱 등 각 종교의 대표자들이 한자리에 모였어.

4월 들어 이들은 임시 정부를 조직하기로 하고, 이를 위해 전국 13도의 대표들이 모여서 국민 대회를 열고 나라 안팎에 정부 수립을 선포하기로 했어. 드디어 4월 23일, 서울 서린동 봉춘관에서 대표들이 모인 가운데 조선이 독립국이라는 것과 조선인이 자유민이라는 것을 세계 만방에 선언하고 한성 임시 정부의 수립을 선포했단다.

한성 임시 정부는 정부 조직과 각료도 발표했는데, 정부를 이끌 우두머

이승만의 취임 행사 이승만은 한성 임시 정부의 집정관 총재로 선출된 뒤, 미국 하와이에 있는 한인 기독 학원에서 취임 행사를 치렀다.

집정관 총재 홍보 엽서 미국의 한인 동포들 사이에서 사용했던 엽서이다. 이승만의 사진 위에 영어로 쓴 'PRESIDENT of KOREA(한국 대통령)'가 보인다.

리인 집정관 총재에는 이승만, 국무총리에는 이동휘가 뽑혔어. 그때 이승만은 미국에서, 이동휘는 연해주에서 활동하고 있었어. 그 밖에 각 부처 장관에도 외국에서 활동하고 있던 독립운동가들이 뽑혔지. 하지만 발표된 정부 요인들에게 직접 연락해서 허락받은 건 아니었어. 일제의 감시와 탄압 때문에 연락할 수 없으니까 그저 독립운동가로서 존경받는 인물들을 추천하는 수준에서 결정한 거였지.

아니나 다를까, 한성 임시 정부의 수립을 선포한 직후부터 각 도 대표들은 일본 경찰에 체포되거나 몸을 숨겨야만 했어. 그래서 한성 임시 정부는 선포만 되었을 뿐 실제로 활동하지는 못했지. 다만 미국에서 소식을 들은 이승만은 미국에 집무실을 차리고 자신의 명함에 '프레지던트(대통령)'라고 새겨 임시 정부의 수반으로 활동하기 시작했단다.

【나라 밖에서도 임시 정부 수립이 잇따르다】

한편 나라 밖에서도 임시 정부를 수립하려는 움직임이 활발해졌어. 그중 하나는 러시아 땅 블라디보스토크였지. 이곳에는 일제의 탄압을 피해 많은 독립운동가들이 모여들고 있었어. 이토 히로부미를 저격한 안중근도 블라디보스토크에서 활동했지. 국내에서 의병 총대장을 하던 유인석도 이곳으로 와서 전국의 의병을 통합한 13도 의군을 이끌었고.

3·1 운동이 일어나기 전부터 블라디보스토크의 독립운동가들은 전로 한족회 중앙 총회라는 단체를 만들어 활동해 오고 있었어. 국내에서 3·1 운동이 크게 일어나자 이동휘를 비롯한 이곳의 독립운동가들은 전로 한족회 중앙 총회를 대한 국민 의회로 바꾸어 임시 정부 구성에 들어갔어. 대한 국민 의회는 스스로 독립을 선포하고 정부 조직을 발표했는데, 대통령에는 손병희, 부통령에는 박영효, 국무총리에는 이승만을 추대했지.

이승만 홍보 사진 1919년 4월 초 선포된 러시아령 임시 정부에서 국무경 겸 외무경으로 선출되었다는 소식을 듣고 이승만이 만든 홍보 사진이다.

대한 국민 의회 청사 대한 국민 의회는 러시아의 우수리스크에 있는 이 건물의 왼쪽 2층을 사무실로 사용했다.

[대한민국 임시 정부의 이동]
이봉창과 윤봉길의 의거 이후 일제가 한인 독립운동가들에 대한 수색과 탄압을 강화하자, 임시 정부는 상하이를 떠나 항저우·광저우·치장·충칭 등 중국 각지를 옮겨 다녔다.

대한 독립 선언서 대한민국 임시 정부가 발행한 선언서로, 3·1 독립 선언서 전문과 임시 정부의 각료 명단, 대한민국 임시 헌장, 선언문 등이 수록되어 있다.

    중국의 상하이에서도 임시 정부가 만들어졌어. 상하이는 유럽 각 나라의 대사관과 영사관이 자리 잡고 있는 국제 도시였기 때문에 우리 독립운동가 천여 명도 이곳으로 와서 활동하고 있었어.
    이들은 임시 의정원을 구성해 헌법의 초안을 잡고 대한민국 임시 정부 수립을 논의했어. 임시 의정원 의장은 이동녕이 맡고 국내의 8도 대표와 러시아령·중국령·미국령 등 3개 지역 대표가 각각 지방 선거를 통해 정식 의정원 의원을 뽑았어. 이렇게 구성된 의정원은 나라 이름을 대한민국으로 정하고 민주 공화제를 뼈대로 하는 임시 헌법을 채택한 뒤 선거를 거쳐 국무원을 구성했지. 행정 조직의 우두머리인 국무총리에는 이승만을 추대하고

일제 강점기의 시련을 넘어서 **139**

내무총장에 안창호, 외무총장에 김규식, 군무총장에 이동휘 등을 임명했어.

【대한민국의 법통이 된 임시 정부】

이렇게 되고 보니 나라 안팎에 임시 정부가 3개나 생겼어. 자연스레 이를 하나로 통합해야 한다는 의견이 나왔지. 그런데 국내에 있던 한성 임시 정부는 이름뿐이고 실제로 활동하지는 않았기 때문에, 블라디보스토크의 대한 국민 의회와 상하이의 대한민국 임시 정부 사이에 통합 협상이 벌어졌어. 그리하여 마침내 대통령 중심제의 대한민국 임시 정부를 수립하고 초대 대통령에는 이승만, 국무총리에는 이동휘를 추대했어. 국내에서 만들어진 한성 임시 정부를 중요시한다는 뜻에서 그 조직을 그대로 이어받은 거야.

이렇게 해서 3·1 운동이 일어난 지 6개월 만에 대한민국 임시 정부가 세워졌어. 이는 1910년 한·일 합병 조약이 맺어짐으로써 대한 제국의 법통(법의 계통이나 전통)이 끊어진 지 9년 만에 일어난 중대한 사건이었어.

대한민국 임시 정부 인사들 초대 대통령 이승만, 국무총리 이동휘 등 대한민국 임시 정부 인사들이 1921년 1월 1일 신년 축하 기념식 때 찍은 사진이다.

상하이 임시 정부 청사(왼쪽)와 충칭 임시 정부 청사(오른쪽) 중국 상하이에 있던 임시 정부 청사는 안창호가 가져온 대한인 국민 회의의 독립 의연금으로 전세를 얻어 마련했다. 충칭에 있던 임시 정부 청사는 해방 후 임시 정부 요인들이 귀국할 때까지 사용한 마지막 청사이다.

　우리 역사 전체로 보면 임시 정부는 대한 제국의 뒤를 이은 것이지. 그러나 임시 정부는 왕이나 황제가 다스리는 나라가 아니라 모든 국민이 주인이 되는 민주 공화국이라는 점을 분명하게 밝혔어. 비록 외국에 세운 임시 정부이긴 하지만, 1876년 개항 이후로 수많은 개화파 지식인들이 추구해 온 근대적인 나라의 기틀을 세운 거야. 그리고 마침내 빼앗긴 나라를 되찾은 1945년 8월 15일에 이를 때까지 임시 정부는 많은 독립운동가들에게 정신적인 구심점 역할을 했단다.

　오늘날 우리 헌법의 앞부분에는 "유구한 역사와 전통에 빛나는 우리 대한 국민은 3·1 운동으로 건립된 대한민국 임시 정부의 법통"을 계승한다고 쓰여 있어. 말하자면 민주 국가로서의 우리나라는 1919년에 수립된 대한민국 임시 정부에서 출발한다는 점을 명확하게 밝히고 있는 것이지.

키워드 20   김구와 이승만

무력 투쟁 김구냐, 외교 전술 이승만이냐

지금 사람들에게 일제 강점기에 항일 투쟁을 벌인 대표적인 독립운동가를 꼽으라고 하면 아마 김구와 이승만이 1, 2위를 다툴 거야. 김구와 이승만은 나이도 비슷하고(김구는 1876년생, 이승만은 1875년생), 태어난 곳도 같은 황해도(김구는 해주, 이승만은 평산)로 많은 공통점이 있어. 자라면서 나라가 일본의 식민지로 떨어지는 모습을 보고 독립운동에 뛰어든 것도 똑같았지. 하지만 공통점은 딱 거기까지였단다. 독립운동을 하는 방식과 나라의 장래를 생각하는 측면에서 두 사람은 서로 정반대라고 할 만큼 다른 길을 걸었어.

【 우직한 성격의 김구 】

김구의 가문은 본래 양반이었지만 그가 태어날 즈음에는 상민으로 떨어져 근근이 먹고사는 가난한 집안이었어. 김구는 어려서부터 상민들을 함부로 대하는 양반들에게 반감을 품고 자랐어. 특히 김구는 몸집이 크고 우락부락하게 생긴 데다 욱하는 기질이 있어서 양반 아이들과 자주 싸웠지.

한번은 양반집 아이들이 김구를 놀리며 때린 일이 있었어. 화가 난 김구는 집으로 가서 부엌칼을 들고 나와 양반집 아이를 죽이겠다며 그 아이 집으로 쳐들어간 적도 있었대. 김구의 불같은 성격은 훗날 독립운동을 할 때도 변함이 없었단다.

김구는 독립운동의 첫발을 사람을 죽이는 일로 내디뎠어. 1895년 왕비 민씨가 일본이 보낸 폭력배들에게 시해당하자 국민들 대부분이 일본에 반감을 품게 되었지. 김구 또한 일본을 향한 적개심이 끓어올랐어.

그러던 어느 날 김구가 황해도의 작은 항구 치하포의 한 주막에 묵게 되었는데, 이 주막에 머무는 사람 중 한 사람이 일반인으로 위장한 일본 군인처럼 보였어. 김구는 왕비를 죽인 일본에 복수하기로 마음 먹고 이자를 죽였어. 이 일로

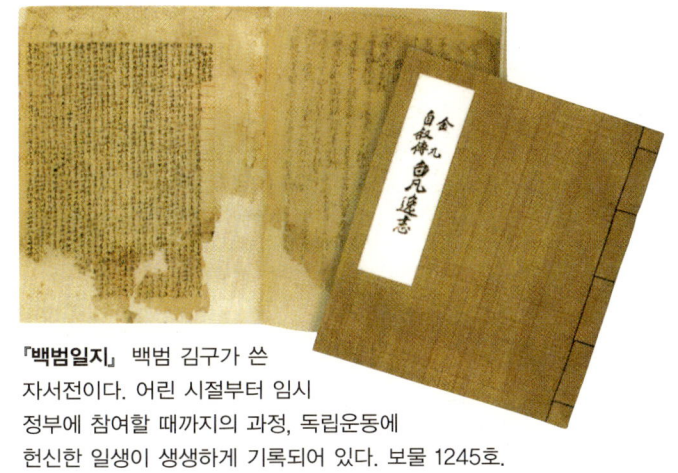

『백범일지』 백범 김구가 쓴 자서전이다. 어린 시절부터 임시 정부에 참여할 때까지의 과정, 독립운동에 헌신한 일생이 생생하게 기록되어 있다. 보물 1245호.

김구는 살인범으로 체포되어 사형을 선고받았지. 교수형에 처해질 위기를 맞았지만, 그의 애국심을 참작한 고종이 특사를 내려 살아날 수 있었어.

그 뒤 김구는 학교에서 학생들을 가르치며 독립운동가들과 교류했어. 그러던 참에 3·1 운동이 일어났지. 김구는 독립운동에 온몸을 던지기로 마음먹고 독립운동가들이 모여 있는 중국의 상하이로 갔어. 상하이에서는 3·1 운동의 열기를 이어받아 임시 정부가 구성되어 있었지.

김구는 임시 정부로 찾아가 내무총장을 맡고 있는 안창호에게 다짜고짜 임시 정부의 문지기를 시켜 달라고 했어. 안창호는 김구의 애국심을 인정해서 경무국장 자리를 주었지. 오늘날의 경찰국장에 해당하는 경무국장을 시킨 까닭은 아마도 김구가 힘깨나 쓸 풍채를 가졌기 때문이었을 거야.

그런데 상하이 임시 정부는 해가 지나면서 사람들이 하나둘 빠져나가 민족 대표 기관으로서 위상이 초라해지기만 했단다. 특히 1917년 러시아 혁명 이후 독립운동가들 사이에 사회주의 사상이 퍼지면서 독립운동은 민족주의 계열과 사회주의 계열로 나뉘었는데, 임시 정부에 참여한 이들도 둘로 나뉘어 각각의 정파끼리만 모이고 임시 정부는 텅 비게 된 거야.

이렇게 임시 정부가 껍데기만 남은 꼴이 되었을 때도 김구는 우직하게 임

김구 국무령 집무실 상하이에 있던 대한민국 임시 정부 청사 2층 국무령 집무실을 복원한 모습이다. 김구는 1926년 국무령에 선출되었는데, 임시 정부 시절의 국무령은 오늘날의 대통령과 같은 직책이었다.

이봉창(위)과 거사 직전에 함께한 김구와 윤봉길(아래)

시 정부를 지켰어. 심지어 잠잘 곳이 없어 임시 정부 사무실에서 자고 끼니는 동포들의 집을 돌아다니며 때우는 신세가 되었지만, 김구는 임시 정부를 떠나지 않았단다.

오히려 김구는 어려울 때일수록 예사롭지 않은 수단을 동원해 일본을 공격하기로 했어. 1931년 한인 애국단이라는 비밀 조직을 만들어 이곳에서 정예 요원을 훈련시킨 뒤 일본 천황을 비롯한 요인들을 암살하기로 한 거야.

1932년 초에는 그 첫 번째 의거로 이봉창을 일본의 수도 도쿄에 보내 일본 천황에게 폭탄을 던지게 했어. 안타깝게도 이봉창의 의거는 실패하고 말았지만 김구는 실망하지 않았어.

일본은 1931년에 중국의 만주를 침공해 점령했고, 1932년에는 그 기세를 몰아 상하이마저 점령했

어. 김구는 일본군이 전쟁에서 이긴 것을 축하하기 위해 상하이 훙커우 공원에서 기념식을 연다는 소식을 듣고 이번에는 그 기념식장을 공격하기로 했어. 1932년 4월, 김구는 윤봉길을 기념식장에 보내 폭탄을 던지게 했지. 그리하여 일본군 지도부 여러 명을 그 자리에서 폭사시키는 데 성공했단다.

잇따른 폭탄 의거로 임시 정부와 김구는 중국은 물론 우리 독립운동가들 사이에서도 주목받게 되었지.

윤봉길이 훙커우 공원에 가지고 갔던 물통과 도시락 모양의 폭탄 모형

한국 광복군 총사령부 성립 전례식 기념사진 1940년 중국 충칭에서 열린 한국 광복군 창립식 기념사진이다. 앞줄 한가운데가 김구이다.

『광복』 한국 광복군 총사령부가 창간한 기관지이다. 광복군 교육과 선전용으로 활용했다.

그 뒤 중·일 전쟁이 터져서 중국 대륙 전체가 전쟁터로 변하자 김구는 임시 정부를 중국 내륙으로 옮겨야 했어. 그 와중에도 김구는 일본을 공격할 기회를 엿보았지. 정식 군대를 만들어 일본에 선전 포고를 하고 당당하게 전쟁에 나서야겠다고 생각한 거야. 김구는 이를 위해 1940년 한국 광복군을 조직했단다.

이렇게 보면 김구는 무인 기질을 타고난 것 같아. 한번 결심하면 주위를 둘러보지 않고 바로 행동에 옮겼어. 그리고 이 눈치 저 눈치 보지 않고 우직하게 한길을 걸었지.

【이승만, 외교만이 살 길이다】

이승만은 김구와는 다른 삶을 살았어. 이승만의 집안은 비록 가난했지만 조선 왕조의 혈통을 이은 양반 가문이었지. 집안에서는 일찍부터 이승만을 서울로 보내 교육시켰어.

서당에서 공부하던 이승만은 나라를 근대화하기 위해 애쓰는 개화파 지식인들을 보고 감명받아 자신도 그런 사람이 되어야겠다고 마음먹었어. 그래서 미국인 선교사 아펜젤러가 세운 배재 학당에 입학했지. 이승만은 그곳에서 서양 학문을 배우며 미국이 우리나라의 운명을 좌우할 것이라 내다보고 영어를 열심히 공부했어.

그런데 배재 학당에 입학한 지 얼마 안 돼 왕비가 시해당하는 을미사변이 일어났어. 이승만도 일본에 대한 적개심에 두 주먹을 불끈 쥐었지. 하지만 구체적인 행동은 김구와 달랐어.

그 무렵 친일 세력은 일본의 힘을 빌려 친일 정권을 세우고 고종을 마음대로 휘두르고 있었어. 자연히 미국이나 러시아와 친한 세력들은 점점 불만을 품게 되었지. 그래서 친미파 지식인들 가운데 몇몇은 일본 사람과 친일 내각에 둘러싸인 고종을 왕궁에서 빼내어 미국 공사관으로 옮기고 새롭게 정부를 구성한다는 비밀 계획을 세웠어. 그러나 고종을 궁 밖으로 몰래 빼내려다가 발각되어 모두 감옥에 갇히게 되었지. 물론 이승만도 이 사건과 연관되어 있었지만 몸을 피한 덕분에 감옥에 가지는 않았어.

그 뒤 이승만은 배재 학당에서 만난 서재필과 함께 독립 협회 활동에 열성적으로 참여했어. 하지만 고종은 나라 이름을 대한 제국으로 바꾸고 스스로 황제 자리에 오른 뒤 독립 협회를 탄압하기 시작했어. 독립 협회가 왕을 내쫓고 서양식 정치 제도를 끌어들이려 한다고 생각했기 때문이야. 결국 이승만은 고종을 폐위하려는 음모를 꾸몄다는 죄목으로 감옥에 갇히고 말았어.

이승만은 감옥에서 자신이 생각하는 독립운동의 길을 밝히는 『독립 정신』이라는 책을 썼어. 그는 이 책에서 독립을 이루려면 6가지가 필요하다면서 다음과 같이 적었어.

첫째, 세계와 마땅히 통하여야 할 줄로 알 것이라. 둘째, 새 법으로써 각각 몸

한성 감옥에 수감 중인 이승만
독립 협회 사건으로 체포되어 감옥 생활을 하던 이승만(앞줄 왼쪽 첫 번째)의 모습이다. 이승만은 죄수인데도 파격적인 대우를 받아 감옥 안에서 집필 활동도 할 수 있었다.

과 집안과 나라를 보전하는 근본을 삼을 것이라. 셋째, 외교를 잘할 줄 알아야 할지라. 넷째, 국권을 중히 여길 것이라. 다섯째, 의리를 중히 여길지라. 여섯째, 자유 권리를 소중히 여길지라.

첫째부터 셋째까지 이승만이 무엇보다 강조한 것은 외교였다는 것을 알 수 있어. 그는 독립은 일본과 무력으로 싸워서 얻어지는 것이 아니라 세계 강대국들이 우리의 독립을 보장해 줌으로써 이루어진다고 믿었던 거야.

이승만은 3년 만에 감옥에서 풀려난 뒤 미국으로 건너갔어. 우리의 운명을 좌우할 강대국 미국의 심장부에서 외교 운동을 펼쳐야겠다고 생각했거든. 이승만은 미국의 대학에서 공부하며 외교 활동을 펼쳤어.

하지만 그의 기대와 달리 그 무렵 미국은 일본과 협력하고 있었어. 러·일 전쟁에서 일본이 승리하자 미국은 일본의 한반도 점령을 용인하고, 그 대가로 일본은 미국의 필리핀 점령을 용인한다는 이른바 가쓰라·태프트 밀약을 맺었지.

미국에서 활동하던 한국 사람들은 미국의 이러한 태도에 크게 실망했고,

마침내 장인환과 전명운이 미국 외교관 스티븐스를 저격하는 사건이 발생했어. 스티븐스는 일본의 요청에 따라 우리나라 외교 고문으로 있던 사람인데, 을사조약이 체결되자 미국으로 건너가 "한국인도 을사조약에 찬성한다."며 일본을 지지하고 다녔어. 1908년에는 미국 샌프란시스코에서 한국인이 일본의 보호를 환영한다는 내용으로 기자 회견도 했단다. 그러자 한인 독립운동 단체를 비롯해 많은 교포들은 크게 분노했어. 이에 전명운은 스티븐스가 워싱턴으로 가기 위해 페리 선착장에 도착하자 그를 저격했어. 그런데 총알이 빗나가 실패하고 서로 격투를 벌이는 와중에 장인환이 권총을 쏘아 스티븐스를 암살한 거야.

장인환과 전명운이 미국 경찰에 체포되어 법정에 섰을 때 사람들이 이승만에게 통역을 맡아 달라고 요청했는데, 이승만은 한마디로 거절했어. "나는 기독교인이기 때문에 살인자들의 통역을 맡을 수 없다."면서 말이야. 일본에 무력으로 맞서는 것은 독립운동에 도움이 되지 않는다는 소신을 표현한 것이었지. 그는 1909년 안중근 의사가 이토 히로부미를 저격한 일에 대

장인환과 전명운이 의거를 일으킨 샌프란시스코의 페리 선착장

장인환(위)과 전명운(아래)

해서도 "미국 사람들이 한국 사람이 난폭하다는 인상을 받지 않을까 두렵다."며 걱정했어.

그렇지만 강대국 미국에서 외교 활동을 벌인 덕분에 이승만은 국내에서 꽤 유명한 독립운동가로 알려지게 되었어. 더구나 그가 미국과 가까이 지내는 인물이기 때문에 무언가 큰일을 해낼 거라고 믿는 이들도 많았지.

1919년 3·1 운동이 일어난 뒤 상하이에서 임시 정부가 구성됐을 때 독립운동가들이 이승만을 초대 대통령으로 추대한 이유도 1차 세계 대전 이후 급변하는 국제 정세 속에서 그가 큰 역할을 할 거라고 믿었기 때문이야. 하지만 이승만은 임시 정부가 있는 중국으로 가지 않고 미국에서만 활동했어.

이승만은 미국 정부에 한국의 독립을 인정해 달라며 꾸준히 외교 활동을 했어. 미국이 말을 들어주지 않자 일본 천황에게 편지를 보내 한국을 독립시켜 달라고 청원하기도 했어. 물론 천황이 들어줄 리 없었지. 그러자 이번에는 국제 연맹에 일본 대신 우리나라를 다스려 달라고 요청하기도 했단다.

그러자 임시 정부에서는 이승만의 이러한 활동이 잘못된 것이라고 비판

제네바 국제 연맹 본부 앞에 선 이승만
1933년 이승만은 한국의 독립을 승인해 줄 것을 요청하기 위해 국제 연맹 본부가 있는 스위스의 제네바를 방문했다. 위의 사진은 이승만이 제네바의 국제 연맹 총회에 모인 외국 사절을 상대로 외교 활동을 펼친 사실을 보도한 프랑스어 신문이다.

했어. 독립운동가 신채호는 "없는 나라를 팔아먹으려는 것은 있는 나라를 팔아먹은 이완용보다 더한 역적이다."라고 비판했지. 결국 이승만은 탄핵을 받아 임시 정부 대통령직에서 쫓겨나고 말았어.

그래도 이승만은 자신의 뜻을 굽히지 않았어. 2차 세계 대전이 막바지에 이르자 한반도는 점차 소련과 미국이 맞부딪치는 장소로 바뀌어 가고 있었어. 이승만은 미국 대통령과 정치인들에게 한반도에 소련이 조종하는 공산주의 정부가 들어설 위험이 있다며 설득하고 다녔지.

이렇게 이승만의 독립운동은 한편에서 보면 평화적이었지만, 다른 한편에서 보면 우리 민족 스스로의 힘은 무시한 채 강대국들과의 외교를 통해서 독립을 보장받겠다는 의존적인 방법이었어.

1945년 해방이 되자 해외에서 활동하던 독립운동가들이 속속 귀국했지. 그런 가운데 정국은 자연스럽게 이승만을 중심으로 하는 파와 김구를 중심으로 하는 파로 나뉘게 되었어. 이때도 김구는 나라의 분단을 막고 통일된 조국을 건설하는 한길로만 나아갔지. 그러나 이승만은 미국이라는 강대국의 힘에 기대어 나라를 일으켜 세우려고만 했어. 그런데 역사는 이승만 편이었어. 나라는 둘로 갈라지고, 그 반쪽 나라 대한민국의 초대 대통령은 이승만의 몫이 되었으니까 말이야.

키워드 21 　문화 정치

문화 정치로 무엇이 달라졌나

3·1 운동은 독립을 원하는 우리 민족 전체의 의견이 표출된 큰 사건이었지. 일본은 이러한 3·1 운동을 보며 크게 당황했어. 한국 사람을 일본 사람으로 개조하는 작업이 순조롭게 진행되고 있다고 생각했는데, 현실은 그 작업이 실패했다는 걸 보여 주었기 때문이지. 그래서 한국 사람을 이전과는 다른 방식으로 다루어야 한다고 생각했어. 그것을 '문화 정치'라고 한단다.

【 3·1 운동은 일본 통치의 오점 】

거족적인 3·1 운동이 일어나자, 일제는 무단 통치로는 한민족을 지배하기가 어렵다는 것을 깨닫게 되었다. 그리하여 한민족의 문화와 관습을 존중하며 한국인의 이익을 위한다는 이른바 문화 정치를 내세웠다. (……) 그러나 이러한 일제의 새로운 식민지 정책은 친일파를 길러 우리 민족을 이간, 분열시키려는 교활한 정책으로서, 한민족의 단결을 억제하고 독립운동을 막으려는 방침에는 변함이 없었다.

　이것은 중학교 국사 교과서에 쓰여 있는 내용이야. 이 글은 사실을 그대로 서술한 것으로 잘못된 곳은 없어. 하지만 이러한 서술에는 일본의 당황스러운 모습과 그에 따른 고민을 엿보려는 노력은 보이지 않아. 당시 일본은 우리 민족을 지배한 제국주의 국가임이 분명했지만, 그렇다고 해서 그들이 합리적인 생각은 하지도 않고 막무가내로 몹쓸 짓만 한 집단이라고 생각하면 역사를 바로 보지 못하게 돼. 때로는 그들이 3·1 운동을 어떻게 바라보고 거기에 어떻게 대처했는지 냉정하게 살펴볼 필요도 있단다.

고종 황제의 장례식 1919년 1월 고종이 갑자기 세상을 떠나자 일본이 독살했다는 소문이 나도는 가운데, 3월 3일 덕수궁에서 고종 황제의 장례식이 거행되었다.

3·1 운동이 일어났던 초기에 일본 사람들은 이를 대수롭지 않게 여겼어. 고종이 죽고 장례식을 3월 3일에 치르기로 하자 그 기회를 틈타 몇몇 불평분자들이 일으킨 소란이라고 생각했지.

그런데 시간이 지남에 따라 만세 시위가 전국으로 번져 가면서 군대가 출동해야 할 정도로 사태가 점점 심각해졌지. 일본 당국자들은 일단 군대를 보내 시위를 잔인하게 진압하는 데 주력했어. 그 과정에서 수많은 사람들이 죽거나 다치고, 감옥은 체포된 시위자들로 가득 찼지.

용수와 수형 도구 일제는 독립운동가들을 체포해 호송할 때 얼굴이 안 보이도록 짚으로 만든 용수를 머리에 씌웠다. 감옥에 가둘 때는 손과 발에 각각 수갑과 족쇄를 채웠다.

수갑과 족쇄 **용수(복원품)**

일제 강점기의 시련을 넘어서 153

서대문 형무소 일제 강점기에 수많은 독립운동가들을 가두고 고문하거나 사형을 집행했던 감옥이다. 1998년 서대문 형무소 역사관으로 탈바꿈해 보존, 전시되고 있다.

서대문 형무소 내부

이러한 소식은 전 세계로 전해져 국제적인 관심사가 되었어. 그러자 일본 정치인들은 이 사태로 일본이 국제 사회에서 손가락질 받지 않을까부터 걱정했어. 일본은 아시아 국가로는 유일하게 식민지를 거느린 제국주의 국가로 올라서서 서양과 어깨를 나란히 하고 있었거든. 그런데 3·1 운동 때문에 서양 사람들이 "거봐. 역시 아시아 나라는 아직 식민지를 다스릴 주제가 못 돼." 하고 일본을 비난할까 봐 우려했던 거지.

그런데 때마침 이 무렵 일본의 국내 정치는 커다란 변화를 겪고 있었어. 일본은 메이지 유신 이후 천황을 가까이에서 보좌하는 정치 세력이 정치를 이끌어 왔어. 그중에서도 청·일 전쟁과 러·일 전쟁을 치러 낸 군인들이 큰 영향력을 행사하고 있었지. 그런데 1910년대 중반으로 들어서면서 정계에서는 정당 출신의 민간 정치인이 정치를 맡아야 한다는 운동이 일어난 거야. 결국 1918년에 정당 정치인 출신으로는 최초로 하라 다카시가 수상을 맡아 내각을 이끌게 되었어.

하라 수상은 3·1 운동이 한국을 일본에 통합하려는 식민지 정책이 실패했다는 사실을 보여 준 사건이라고 생각했어. 이는 일본의 수치이자 오점이었지. 따라서 한국을 일본에 동화시킬 수 있는 더 좋은 방법을 찾아서 수치와 오점을 씻어야 했어.

실제로 하라 수상은 한국 사람 대부분이 독립보다는 일본인과 동등하게 대우받기를 원한다고 생각했어. 그래서 한국 사람을 교육이나 경제, 행정 면에서 일본 사람과 똑같이 대우해 주면 불만이 없어질 거라고 생각했지. 이는 곧 한국 사람을 가혹하게 다룰 게 아니라 일본 사람과 동등하게 대우해 주어야 한다는 것인데, 이를 문화 정치라고 했어. 하라 수상이 이렇게 생각한 까닭은 그가 군인 출신이 아니라 정당 출신 정치인이기 때문이었지.

【문화 정치로 달라진 것들】

하라 수상이 문화 정치를 내걸고 첫 번째로 내린 조치는 총독부터 바꾸는 것이었어. 그동안 현역 군인 출신을 총독으로 앉혀 놓아서 한국 사람들을 혹독하게 다룬 것이 잘못이었다고 보았기 때문이야. 그래서 육군 대장 출신의 하세가와 요시미치 총독을 일본으로 불러들이고, 군인 출신이긴 하지만 퇴역한 지 한참 지난 데다 성품이 부드럽기로 유명한 사이토 마코토를 새 총독으로 임명했어.

조선 총독부 일제는 조선의 상징인 경복궁의 일부를 헐어 내고 그 자리에 조선 총독부 청사를 지어 조선을 통치했다. 조선 총독부 건물은 8·15 해방 50주년을 맞은 1995년에 철거되었다.

하라 수상은 또 제복을 입고 칼을 찬 헌병이 경찰 업무를 맡는 헌병 경찰 제도를 없애고 오늘날처럼 민간인 순사가 경찰 업무를 맡는 보통 경찰 제도로 바꾸었어. 아울러 학교 교사가 금테를 두른 제복에 칼을 차던 차림새도 없앴지. 이처럼 한국 사람을 엄격하게 다루던 방식에서 벗어나 일본 사람과 같이 대우해 준 거란다.

이런 가운데 일본은 가장 획기적인 정책을 시행했어. 바로 한글로 된 민간 신문을 허용하는 것이었지. 그동안 일본은 한국 사람을 일본 사람으로 바꾸는 동화 정책을 펼치고 있었기 때문에 일본어를 하도록 교육했지. 그런데 태도를 바꾸어 한글로 된 민간 신문의 발행을 허용한 거야.

이것은 동화 정책의 근본 줄기를 바꾸겠다는 뜻이었을까? 결코 그렇지는 않았어. 하라 수상은 3·1 운동이 일본의 가혹한 무단 통치에 대한 한국 민중의 항거라는 점을 이해하고 있었어. 그래서 이제는 한국 사람들의 배 속에서 끓어오르는 가스를 배출하는 굴뚝이 필요하다고 생각했어. 가스를 배출하지 않으면 쌓이고 쌓여서 끝내는 3·1 운동처럼 폭발하고 말 테니까 말이야. 하지만 한글 신문이 한민족의 독립운동 의지를 자극하는 매체가 되어서는 안 되었기 때문에 철저하게 안전 장치를 마련했지.

가장 먼저 허가한 한글 신문은 동아일보인데, 사이토 마코토 총독은 발행 허가에 앞서 동아일보의 발행인인 이상협을 불렀어.

"귀하가 신문을 경영하려는 목적은 조선 독립을 주장하기 위해서인가?"

사이토 마코토 총독의 물음에 이상협은 이렇게 대답했어.

"꼭 독립만을 주장하기 위해 신문을 내려는 것은 아니오. 조선 사람은 총독부나 일본 정부에 할 말이 많소. 우리가 무엇을 생각하고 있는지는 총독부에서도 알아야 할 것 아니오?"

이때 만약 이상협이 "네, 그렇습니다."라고 대답했다면 일본은 신문 발행

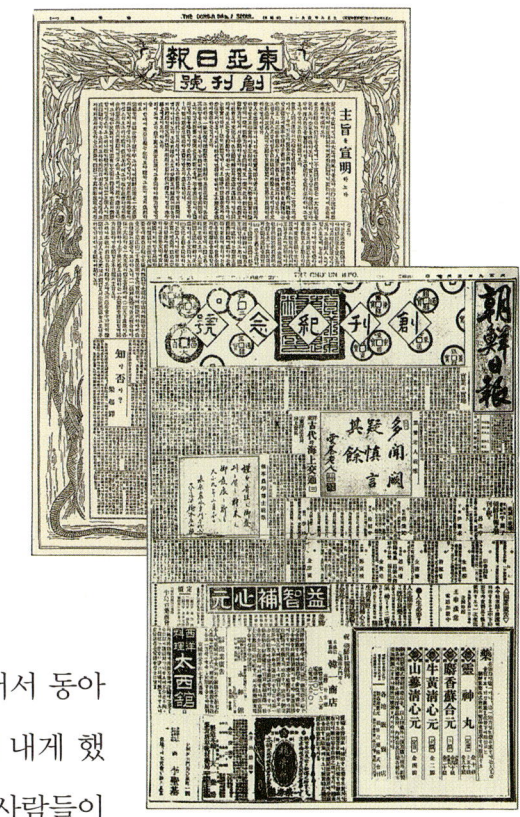

동아일보 창간호(위)와 조선일보 창간 기념호(아래)
3·1 운동 이후 무단 정치에서 문화 정치로 정책을 바꾼 일제는 변화의 상징으로 1920년 한글로 된 민간 신문의 발행을 허가했다. 이에 따라 조선일보는 3월 5일에, 동아일보는 1920년 4월 1일에 각각 창간되었다.

을 허가해 주지 않았을 거야. 이상협도 그 점을 잘 알고 있었기 때문에 그렇게 대답했겠지. 물론 이때 이상협의 속마음에는 독립운동의 뜻이 있었을지도 몰라. 하지만 동아일보는 늘 이상협이 총독에게 맨 처음 말한 범위 안에서 신문 기사의 내용을 조절해야 했단다.

그런데도 조선 총독부는 안심할 수 없어서 동아일보 말고도 친일 색깔이 짙은 신문을 더 내게 했어. 일본과 한국의 기업가들이 모여 한국 사람들이 총독부의 정책에 순응하도록 계몽하는 단체였던 대정 실업 친목회에도 신문을 내도록 허가해 준 거야. 그것이 바로 조선일보란다. 또 "조선 민족은 대일본 제국의 국민"이라고 당당히 주장하던 국민 협회의 대표 민원식에게는 시사신문의 발행을 허가해 주었어. 자칫 동아일보의 논조가 독립운동 쪽으로 기울더라도 조선일보와 시사신문으로 하여금 친일을 주장하게 해서 동아일보의 논조를 얼버무릴 수 있게 한 거지.

이 밖에도 지방 행정 제도를 고쳐 도장관을 도지사로 바꾸고 도지사에게 예전보다 많은 권한을 주어 지방민들의 의견을 정책에 반영하게 했어. 또 도와 그 아래 군, 면에 평의회를 두어 한국 사람을 참여시켰지. 이는 지방 자치를 통해 한국 사람도 일정한 수준에서 참정권을 행사할 수 있도록 배려한 것이었어. 하지만 평의회는 오늘날의 지방 의회와 달리 자문 기구에 불과해

《문화 정치》

일제는 3·1 운동에 크게 놀라 이전의 강압적인 통치 방식을 바꾸어 한국인들의 불만을 들어주는 정책을 시행했다. 하지만 실제로는 한국인의 독립 의지를 꺾기 위한 방편에 지나지 않았다.

보통 경찰 제도
일본은 무력 통치에 대한 조선인의 반발을 누그러뜨리기 위해 헌병 경찰 제도를 보통 경찰 제도로 바꾸었다. 하지만 이름과 제복만 바꾸었을 뿐 경찰의 수와 치안에 필요한 장비 등은 더 많이 늘렸다.

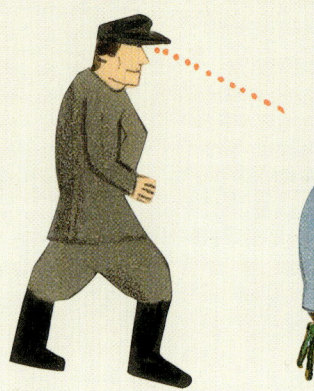 

민간 신문 발행 허가
일본은 한글로 된 민간 신문의 발행을 허용했다. 그러나 신문 기사에 대한 검열을 강화하여 일본의 입맛에 맞지 않는 기사는 삭제하거나 조작했다.

지방 행정에 한국인 참여
일본은 지방 자치를 한다는 명분으로 지방 행정 제도를 고쳐 도 평의회 등을 설치하고 한국인을 참여시켰다. 하지만 소속 의원을 뽑을 때 선거권에 제한을 두었고, 지방 행정에 일부 친일파와 부유한 재산가만 참여할 수 있어서 실질적인 지방 자치와는 거리가 멀었다.

교육의 기회 확대
문화 정치를 실시하면서 교육 시설은 많이 늘었지만, 실제 한국인의 초등학교 취학률은 낮았다.

효력이 크지 않았단다.

또 한국 학생들이 교육받을 기회를 넓혀 주어 교육 차별에 대한 불만을 누그러뜨리려 했어. 그리고 무엇보다도 생활 수준이 높아지면 한국 사람들의 불만을 잠재울 수 있다고 보았지. 그래서 곳곳에 철도와 도로를 놓는 등 사회 기반 시설을 넓혔어.

도 평의회 1921년 무렵 도민 자치 기관이었던 경상북도 평의회가 회의를 하는 모습이다.

【친일파의 등장】

이처럼 문화 정치는 일본 정계에서 일어난 정치의 민주화 바람과 맞물려 한반도에 불어온 훈훈한 바람이었지. 그러나 문화 정치가 목표로 한 것은 1910년 한·일 합병 이래 변함없이 유지되어 온 정책, 곧 한국을 일본에 동화시킨다는 정책에서 한 치도 어긋나지 않는 것이었어. 다만 동화시키는 방식을 좀 더 부드럽게 수정한다는 정도였지.

많은 한국 사람들은 문화 정치의 속셈을 꿰뚫어 보고 있었어. 따라서 독립을 향한 열망은 식지 않았고, 이는 나라 안팎에서 활발한 독립운동으로 이어졌지.

하지만 문화 정치가 10년 가까이 시행되는 동안 한국 사람 가운데 사업을 하거나 땅을 많이 가진 사람들, 또 일부 지식인들 속에서 일본에 협력하는 자들이 나타났어. 어차피 나라가 독립할 가망이 없으니 일본과 협력하면서 나라를 근대화하자는 것이었지. 바로 친일파가 만들어지기 시작한 것인데, 이는 일본의 문화 정치가 차츰 효과를 거두고 있다는 증거였단다.

일제 강점기의 시련을 넘어서 159

키워드 22 친일파

윤치호를 통해서 본 친일파의 정신세계

일제가 조선을 강제로 지배한 지 10년이 지나면서 우리 민족 내부에서 자발적으로 일본에 협력하는 이들이 점점 늘어 갔어. 우리는 이들을 흔히 친일파 또는 친일 민족 반역자라고 부르지. 그 가운데 가장 거물급 친일파로 윤치호를 꼽을 수 있는데, 그의 일기를 바탕으로 친일파가 어떤 생각을 했던 것인지 들여다보기로 하자.

【 개화파 지식인 윤치호 】

윤치호는 가장 전형적인 개화파 지식인이었어. 조선은 강화도 조약으로 일본에 문을 연 뒤 일본을 시찰하기 위해 신사 유람단을 보냈는데 거기에 윤치호, 유길준 등이 끼어 있었어. 그 뒤 1884년 개화파가 주도한 갑신정변이 실패하여 개화파가 된서리를 맞을 때, 윤치호도 그 대상이 되었지. 윤치호는 중국으로 피해 미국 선교사의 도움을 받았어.

11년 동안 외국 유학 생활을 하면서 근대적인 지식을 습득한 윤치호는 1895년 귀국해 본격적으로 정치에 발을 들여놓았어. 윤치호는 우리나라를 근대화하려면 먼저 국민에게 민주주의를 가르쳐야 한다고 생각하고 서재필, 이상재, 이완용 등과 함께 독립 협회 운동을 벌였어.

하지만 우리 민족의 운명은 윤치호가 바라던 것과는 달리 점점 기울어 갔고, 급기야 일본의 식민지로 떨어지고 말았어.

청년 시절의 윤치호

이때 많은 개화파 지식인들은 당장의 독립보다는 장래에 독립을 이룰 수 있도록 실력을 길러야 한다고 생각했어. 윤치호가 그런 부류 가운데 중심인물이었지. 그래서 대한 자강회 회장을 맡기도 했고, 안창호, 양기탁, 이동휘 등과 함께 신민회를 설립하여 애국 계몽 운동을 이끌기도 했단다.

【'바보 같은 3·1 운동'】

그런데 한·일 합병이 되고 일제가 살벌한 헌병 경찰 제도를 실시하면서 온건한 실력 양성 운동조차도 설 땅이 좁아졌어. 일제가 독립운동을 뿌리 뽑기 위해 신민회 회원들이 데라우치 총독을 암살하려 했다는 거짓 죄목을 씌워 애국 계몽 운동가들을 줄줄이 체포한 거야. 이때 윤치호도 이 사건의 주모자로 몰려 감옥살이를 했지.

3년여 만에 풀려난 윤치호는 일제의 강압적인 지배가 못마땅했지만, 우리 민족은 아직 독립 국가를 운영할 능력이 없다고 생각했기 때문에 그저 숨죽인 채 정세를 바라보고만 있었어.

일본 경찰에 압송되는 신민회 회원들 일제는 독립운동가 안명근이 데라우치 총독을 암살하려던 사건을 이용해 신민회 간부들을 검거하는 등 독립운동을 탄압하는 기회로 삼았다. 이때 윤치호는 총독 암살 공모 사건의 주모자로 몰려 서대문 형무소에서 감옥 생활을 했다.

그러던 차에 3·1 운동이 일어났어. 3·1 운동을 주도한 사람들은 사실 국제 정세에 많은 기대를 걸고 있었어. 유럽 여러 나라들이 모여 1차 세계 대전의 전후 처리 문제를 논의하던 중 미국의 윌슨 대통령이 민족 자결주의를 주창하자, 파리 강화 회의에서 한국의 독립 문제를 다룰 가능성이 높다고 보았던 거야.

하지만 유럽과 미국에 대해 누구보다 잘 알고 있던 윤치호는 그런 민족 지도자들이 한심해 보였어. 1919년 3월 1일과 2일 자 일기에 윤치호는 이렇게 썼단다.

1919년 3월 1일 토요일

(……) 1시 30분쯤 거리에서 함성 소리가 들려왔다. 거리를 가득 메운 학생들과 시민들이 "만세!"를 외치며 종로 광장으로 달려가는 모습이 창문을 통해 (……) 눈으로 들어왔다. (……) 이 순진한 젊은이들이 애국심이라는 미명 아래 불을 보듯 뻔한 위험 속으로 달려드는 모습을 보면서 눈물이 핑 돌았다.

1919년 3월 2일 일요일

(……) 오후에 오사카 마이니치 신문의 방한승 기자가 찾아왔다. 내 입장을 분명히 밝히기 위해 최근 조선 청년들에게 말해 왔던 것을 거듭 말했다. ①조선의 독립 문제는 파리 강화 회의에 상정될 기회가 없을 것이다. ②유럽의 열강이나 미국이 조선 독립을 지지해 일본의 심기를 건드릴 만큼 그렇게 어리석지는 않다. ③설령 독립이 주어진다 해도 우리는 독립에 의해서 이득을 볼 준비를 갖추지 못했다. ④약소민족이 강성한 민족과 함께 살아야 한다면, 자기 보호를 위해 그들의 호감을 사야 한다. ⑤학생들의 이 어리석은 소요는 무단 통치를 연장시킬 뿐이다. 만약 거리를 누비며 만세를 외쳐서 독립을 얻을

수 있다면, 이 세상에 남에게 종속된 국가나 민족은 하나도 없을 것이다.

국제 정세를 바라보는 윤치호의 시각은 얼음처럼 차가웠고, 슬프게도 그의 예견은 거의 맞아떨어졌지. 이때까지만 해도 윤치호는 일본의 지배를 긍정하지 않았어. 다만 일본에서 벗어나려면 일본과 맞먹을 정도로 실력을 길러야 한다는 생각이었지.

윤치호는 기독교인으로서 YMCA(기독교 청년회)를 이끌며 나름대로 청년들의 실력을 기르는 일에 온 힘을 기울였어. 하지만 이번에도 역사는 그의 기대를 저버렸어. 1931년에 일본이 만주를 침공한 거야. 한국인이 실력을 기르는 속도보다 열 배 백 배 빠르게 일본이 급성장한 결과였지.

결국 그 순간 윤치호는 "힘이 곧 정의다."라고 결론을 내렸어. 그런 심정을 일기에 이렇게 기록해 놓았지.

1932년 2월 22일 월요일

나는 조선의 애국자 가운데 한 사람으로서 일본의 만주 정책이 성공하길 빈다. 그 이유는 이렇다. ① 일본이 만주를 점령하게 되면, 그 광활한 땅의 도처에 살고 있는 수백만 조선인들의 생명과 재산이 안전해질 것이다. ② 만주라는 큰 보고를 차지해 경제 위기에서 벗어나게 된 일본인들은 조선에 있는 조선인들을 대우하는 데서 정치적으로나 경제적으로나 적잖이 관대해질 것이다. ③ 일본 치하의

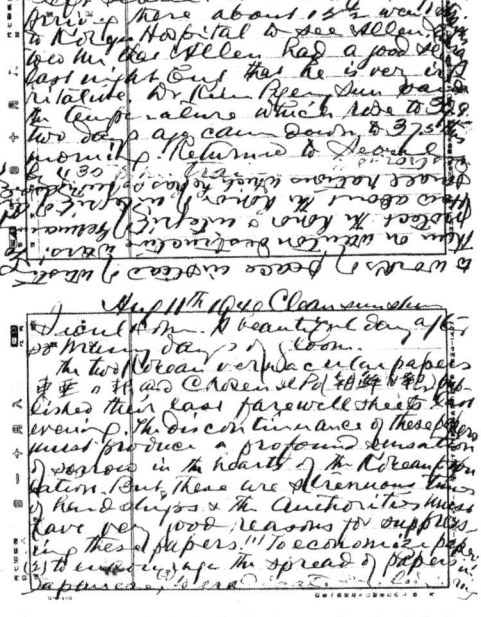

윤치호의 영어 일기 윤치호는 18세부터 평생에 걸쳐 일기를 썼다. 미국 유학 시절부터는 대부분 영어로 일기를 썼다.

만주는 조선인 고학력자들에게 일자리를 제공하는 공간이 될 수 있다. (……)

윤치호는 일본이 한국을 차지한 것이 대세였다면, 만주를 차지하는 것 또한 대세에 따른 필연적인 결과라고 받아들였어. 그래서 3·1 운동 때만 해도 일본에 맞서면서 실력을 키워야 한다고 생각했다면, 이제는 일본의 힘을 인정하고 일본의 도움을 얻어 우리 실력을 키우자는 쪽으로 생각이 바뀌었지.

그 뒤 윤치호는 조선 총독부와 자주 접촉하며 일제의 한국인 통치에 자문을 해 주었어. 물론 자기 딴에는 어디까지나 총독부의 편이 아니라 우리 민족 편에 서서 우리 민족에게 이익이 되게 하려고 노력했지.

【 친일파의 길 】

그런데 역사는 또다시 그의 기대와 다른 방향으로 흘렀어. 일본이 중국 대륙을 침공한 데 이어 세계 최강대국인 미국과 전쟁을 시작한 거야. 윤치호는 원래 미국 계통의 감리교 신자인 데다 미국에서 유학 생활을 오래 한 미국통이었지. 그래서 미국이 얼마나 강한 나라인지 누구보다도 잘 알고 있었어. 그런데 그런 미국에 일본이 먼저 싸움을 건 거야.

윤치호는 처음에는 놀랐지만 곧 일본을 우러러보게 되었어. 그리고 진심으로 일본이 태평양 전쟁에서 승리하기를 바랐어. 이 전쟁에서 일본이 이긴다면 세계 1등 국가가 되는 것이고, 그 덕분에 한국 사람도 덩달아 1등 국민의 지위를 누릴 수 있게 되리라고 믿었기 때문이지. 그런데 그렇게 되기 위해서는 조건이 필요했어. 우리도 이 전쟁에 기여하는 바가 있어야 한다는 거야. 그래서 일제가 한국 청년을 군대에 동원하는 징병령을 내리자, 윤치호는 기뻐하며 "한국 청년들이 영예로운 일본 군대에 입대할 수 있도록 인정해 준 제국 정부에 감사해야 한다."고 일기에 썼단다.

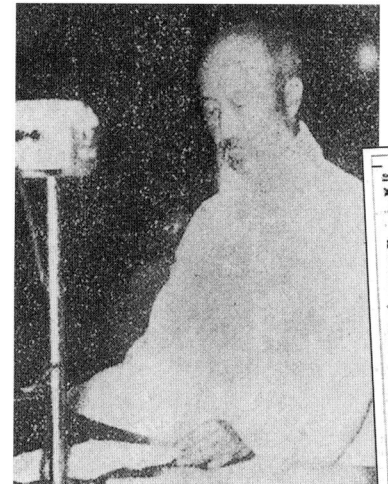

지원병 권유 연설을 하고 있는 윤치호

윤치호의 친일 활동 윤치호는 일제 말기에 지원병을 권유하는 연설을 하러 다녔고, 학도병 지원 마감 이틀 전에는 매일신보에 지원을 재촉하는 글을 싣기도 했다.

그 뒤 1945년 일본이 전쟁에 패할 때까지 윤치호는 국민 정신 총동원 조선 연맹 같은 친일 단체의 간부로서 전국을 돌아다니며 한국 사람에게 전쟁에 나가 싸우라고 부추겼어. 어느덧 친일파의 우두머리가 된 거야.

하지만 역사는 마지막까지 윤치호의 기대를 저버렸어. 일본이 전쟁에서 패망하고 만 거야. 몇 달 뒤에는 윤치호도 세상을 떠났지.

친일파 하면 우리는 그저 자기 한 몸의 부귀영화를 누리기 위해 일본을 돕거나 일본에 아첨한 사람들을 주로 떠올리지. 물론 그런 친일파도 많았어. 하지만 윤치호처럼 개화파가 되어 민족을 위해 일하다가 친일파로 변한 사람도 있었어. 그들은 한번 친일을 하자 그 수렁으로 점점 깊이 빠져들었단다.

키워드 23 신간회

일제에 대한 비타협 투쟁에 나서다

1927년 2월 15일, 서울 종로의 YMCA 강당에서 한 단체의 창립 대회가 열렸어. 1천여 명이 참석한 대회장은 자못 분위기가 엄숙했지. 바로 신간회가 창립되는 순간이었어. 신간회는 그 무렵 나라 안팎의 독립운동가들은 물론 일제도 주의 깊게 바라본 중요한 단체였어. 신간회가 어떤 단체였기에 그랬을까?

【 자치론이 일어나다 】

신간회가 창립하면서 내건 강령은 "첫째, 우리는 정치적·경제적 각성을 촉진한다. 둘째, 우리는 단결을 공고히 한다. 셋째, 우리는 기회주의를 일절 부인한다."였어. 언뜻 읽어 보면 도무지 깊은 뜻이 담겨 있는 것 같지 않아. 하지만 사실은 세 번째 강령인 "우리는 기회주의를 일절 부인한다."에 신간회가 창립된 깊은 뜻이 담겨 있었단다.

앞에서 3·1 운동 이후 일제가 문화 정치를 펴고 시간이 흐르면서 일본에 협력하려는 친일파가 나타났다고 했지? 이렇게 생겨난 친일파는 1920년대 중반이 되자 집단적인 움직임을 보이기 시작했어. 그것은 바로 일본과 싸울 게 아니라 일본의 지도 아래 우리 민족이 스스로 정부를 운영하자는 운동이었지. 이것을 '자치론'이라고 했어.

자치론에 가장 먼저 앞장선 사람은 우리 민족이 낳은 위대한 문학가 이광수였어. 이광수는 한국 최초의 근대 장편 소설인 『무정』을 썼고 많은 사람들의 사랑을 받았지. 이광수는 독립운동에도 가담했어. 3·1 운동에 앞서 일본의 수도 도쿄에서 '2·8 독립 선언서'를 썼고, 3·1 운동 이후에는 중국 상하이로 가서 임시 정부에 참여하기도 했어.

그런 이광수가 1922년 『개벽』이라는 잡지에 「민족 개조론」을 발표했어. 이광수는 이 글에서 우리 민족은 능력이 부족해 일본의 지배를 받고 있으므로 일본의 지배를 벗어나기 위해서는 먼저 실력을 길러야 한다고 주장했지.

이광수는 그 뒤에 발표한 「민족적 경륜」이라는 글에서 더욱 구체적으로 자신의 생각을 드러냈어. 일제가 우리 민족을 통치하면서 정치적 권리를 인정해 주지 않아 우리 민족 스스로의 정치가 없었다고 하면서, 이제는 일제가 허용하는 범위 안에서 정치 단체를 만들어 우리도 정치를 해 나가야 한다고 주장했어. 이는 곧 일본에 저항할 게 아니라 일본이 실시하는 지방 자치에 참여하자는 것이었지.

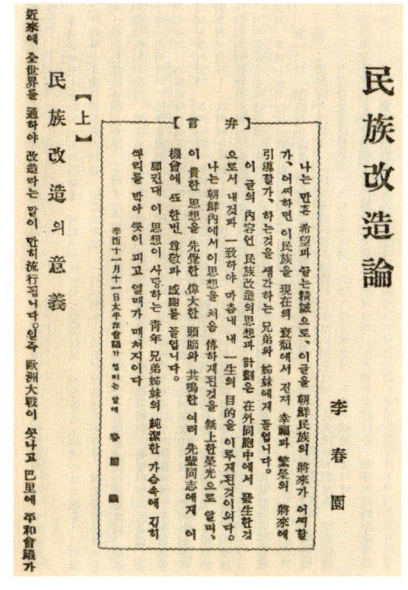
이광수가 『개벽』에 발표한 「민족 개조론」

이광수가 자치론의 깃발을 들자, 그 아래로 동아일보의 경영자 김성수를 비롯해 친일파가 모여들기 시작했어. 물론 민족 운동가들을 자치 운동에 끌어들이도록 일제가 뒤에서 부추겼지. 그러자 양심적인 민족 운동가들은 이대로 가다가는 민족의 독립은 아예 불가능해지고, 영원히 일제의 식민지로 굳어지고 말 것이라는 위기의식을 느끼게 되었어.

【 새로운 사상, 사회주의 】

그런데 이때 위기의식을 느낀 또 하나의 부류가 있었어. 바로 사회주의자들이었지. 사회주의는 일찍이 19세기부터 서구에서 일어난 새로운 사상인데, 한마디로 자본주의 체제에 반대하는 사상이라고 할 수 있어. 이 사상을 정교하게 가다듬은 사상가가 카를 마르크스란다.

마르크스는 인류의 역사가 고대 노예제 사회에서 중세 농노제 사회로 바뀌고 다시 근대 자본주의로 바뀌었듯이, 근대 자본주의도 머지않은 미래에 사회주의로 바뀔 거라고 주장했어. 왜냐하면 자본주의는 자본가 계급이 노동자 계급을 착취하는 사회이기 때문에 결국 노동자 계급이 봉기하여 자본주의를 무너뜨리고 그들이 주인이 되는 사회를 이룰 거라고 본 거지.

마르크스는 단지 사상으로서 사회주의를 주장했지만, 1917년 러시아에서는 레닌이 이끄는 사회주의자들이 실제로 사회주의 국가를 세우는 데 성공했어. 그리하여 사회주의 사상이 전 세계에 퍼지게 된 거란다.

한국에서도 3·1 운동 당시 미국과 같은 자본주의 국가에 기대를 걸었지만, 보기 좋게 배반당하고 나서 많은 젊은이들이 사회주의를 받아들이기 시작했어. 그리고 1925년에는 마침내 조선 공산당을 결성하기에 이르렀지. 1926년에는 대한 제국의 마지막 황제 순종이 죽자 장례일에 시위 운동을 벌인 6·10 만세 운동이 일어났는데, 이 운동을 조직적으로 이끈 이들이 바로 조선 공산당 당원들이었단다.

6·10 만세 운동 1926년 6월 10일, 순종의 장례일에 일어난 독립 만세 운동이다. 일본 경찰의 철저한 감시로 시위 운동 계획이 미리 발각된 데다 삼엄한 경계 때문에 3·1 운동처럼 크게 번지지는 못했다.

그러자 사회주의 운동이 큰 세력으로 성장할 것을 우려한 일제가 강력하게 탄압해서 많은 이들이 감옥에 갇히고 사회주의 운동은 큰 타격을 받았어. 이런 시점에서 민족 운동가들 사이에 자치론이 일어난 거야. 사회주의자들은 이러한 정세에 맞서야 했는데 힘이 너무 약했어. 그래서 양심적인 민족 운동가들과 힘을 합쳐야 한다고 생각하게 되었지.

【최초의 좌우 합작이 이루어지다】

이렇게 일제와 타협하지 않는 투쟁적인 민족 운동가들과 새로운 사상으로 무장한 사회주의자들이 힘을 합쳐 만든 단체가 바로 신간회란다. '고목에서 새 가지(新幹)가 나온다.'는 말에서 신간회라는 명칭을 따왔듯이 새로운 운동 세력을 이루고자 한 거지. 신간회는 사회주의 진영의 좌파와 민족주의 진영의 우파가 연합해서 만든 최초의 좌우 합작 단체였어.

신간회의 초대 회장은 이상재였어. 이상재는 올곧은 민족 운동가로 많은 이들에게 존경받고 있었지. 이상재와 관련해서는 재미난 일화가 있단다.

이상재가 조선 미술 협회를 창립하는 자리에 참석했는데 우연히 이완용, 송병준 등 친일파와 한자리에 앉게 되었어. 이상재는 그들에게 "대감네들도 도쿄로 이사를 가시지요."라고 말했어. 그들이 영문을 몰라 무슨 말이냐고 묻자, "대감들은 나라 망하게 하는 데는 천재니까 도쿄에 가면 일본이 망할 것 아니오."라고 대답했다는 거야.

따라서 신간회 창립 대회에서 발표한 강령 중 "기회주의를 일절 부인한다."는 세 번째 강령은 바로

신간회 초대 회장 이상재

자치론자들을 겨냥한 것이었어. 상황이 어려워도 일제와 타협하지 않고 굳세게 싸워 나가자는 것이었지.

하지만 신간회가 걷는 길은 순탄하지 않았어. 일제의 허가를 받아 세운 공개적인 단체였기 때문에 일제가 만든 법을 지켜야만 했거든. 그러다 보니 신간회가 실제로 할 수 있는 일은 그리 많지 않았어.

그러던 중 1929년에 광주 학생 운동이 일어났어. 처음에는 일본 학생과 한국 학생들 사이에 벌어진 사소한 시비였는데, 이것이 크게 번져서 항일 시위로 이어졌지. 일제에 반대하는 학생 시위는 광주는 물론이고 전국으로 번졌어.

신간회는 광주 학생 운동을 지원하는 한편, 광주 학생 운동이 전국으로 퍼져 나가도록 하기 위해 1929년 12월 13일 서울을 비롯한 전국에서 민중 대회를 열고 일제에 항의하는 운동을 펼치기로 했어. 그러나 일제가 이를

광주 학생 운동 1929년 10월 30일, 광주와 나주를 오가는 통학 열차에서 일본인 남학생이 광주 여자 고등 보통학교 3학년 여학생 박기옥과 이광춘의 댕기 머리를 잡아당기며 희롱하자, 박기옥의 사촌 동생 박준채가 항의하면서 한국과 일본 학생들 사이에 싸움이 벌어졌다. 그 뒤 일본 경찰이 한국인 학생들만 잡아들이자, 11월 3일 광주 학생들이 항의 시위를 벌이면서 전국적인 항일 학생 운동으로 번져 나갔다.

광주 학생 운동의 불씨가 된 박기옥과 이광춘

박기옥의 사촌 동생 박준채

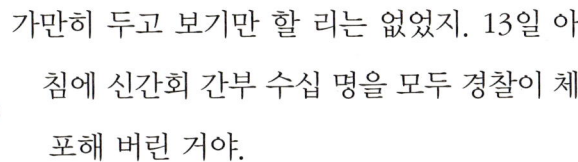

가만히 두고 보기만 할 리는 없었지. 13일 아침에 신간회 간부 수십 명을 모두 경찰이 체포해 버린 거야.

【좌우 대립의 씨앗이 뿌려지다】

그 뒤로 신간회는 힘을 잃었고, 새로 들어선 지도부는 단체를 유지하려고 이전보다 온건하게 활동하기로 방침을 바꾸었어. 그러자 이번에는 사회주의자들에게서 비판이 쏟아졌어.

그 무렵 사회주의자들은 마르크스와 레닌이 세운 사회주의 이념을 기계적으로 받아들이는 경향이 있었어. 마치 성경 구절을 대하듯 절대 진리로 생각한 거지. 이를테면 사회주의자는 자본가들과 손을 잡기보다는 노동자와 농민 편에 서서 싸워야 한다는 마르크스·레닌주의의 원칙을 철칙으로 받아들였어. 그래서 신간회 지도부가 온건한 방향으로 돌아서자 그것은 신간회 지도부가 기본적으로 자본가들이기 때문이라고 비판했어. 동시에 신간회는 노동자 계급이 주도하는 조직이 되어야 하는데 그러지를 못하니 차라리 해산하는 편이 낫다고 주장했지.

일제의 탄압을 받아 휘청거리는 데다 조직의 한 축을 이루던 사회주의 진영에서 해산을 주장하자 신간회는 더는 버틸 힘이 없어졌어. 결국 1931년, 신간회는 창립 4년 만에 간판을 내리고 말았단다.

신간회의 해소는 근대사 최초로 좌우 대립을 보여 준 사건이었어. 그때부터 독립운동에서도 이러한 좌우의 갈등은 계속되었고, 일제가 물러가고 나자 갈등이 더욱 깊어져 마침내 남북 분단으로 이어지고 말았단다.

키워드 24 　근대 의식주

생활 속에 스며든 근대화

일제 강점기에는 한국 사람 대부분이 안중근 의사처럼 일제에 저항하며 살았을까? 물론 그러지 못했지. 일제가 밉기는 했지만, 그저 하루하루를 살아가기에 급급한 서민들은 무엇보다도 자기 가족이 더 좋은 환경에서 행복하게 사는 것이 중요했어. 그런데 일제의 지배가 20년 넘게 이어지자 어느덧 사회의 모습도 많이 변화했어. 생활의 기본인 의식주부터 크게 바뀌었지.

【 거리 풍경을 바꾼 모던 뽀이와 모던 걸 】

일제는 한국이라는 식민지를 운영하면서 어느 정도 근대화를 이루어 놓았어. 근대화란 무엇일까? 근대화라는 말은 개화의 다른 표현이기도 하지만, 1920년대 말의 시점에서 보면 경제 측면에서 자본주의화를 가리킨다고 할 수 있어. 자본주의화로 경제가 크게 부흥하자 도시가 성장했지. 도시라는 좁은 공간에 많은 사람들이 모여 살게 되면서 사람들의 생활 방식도 이전

1920년대 말의 서울　일제의 치밀한 계획 아래 근대화해 가던 1920년대 말 서울의 모습이다.

과는 많이 달라지기 시작했어. 특히 의식주 같은 기본적인 생활부터 전혀 새로운 모습으로 변했지.

근대화는 무엇보다 사람의 모습부터 확 바꾸어 놓았어. 일찍이 1894년과 1895년의 개혁 조치로 상투를 자르게 하고 양복을 입으라고 권장했지만, 그때는 이에 대한 반발이 거셌지. 하지만 1920년대 말께가 되면 이제 갓을 쓰고 한복을 갖춰 입은 모습은 보기 힘들어졌어. 많은 사람들이 서양식 옷차림을 자연스럽게 받아들이게 된 거야.

서양식 신사복 차림을 할 때는 대개 와이셔츠에 넥타이를 맸으며, 중절모를 쓰고 구두를 신었지. 그리고 동그란 뿔테 안경과 지팡이를 갖추면 최고 멋쟁이라고 여겼어. 이런 차림의 젊은이를 '모던 뽀이(보이)'라고 불렀는데, 생각 없이 유행만 좇는 젊은이를 비웃는 표현이었어. 그런데도 이런 젊은이의 수는 점점 늘어 갔지.

중절모 남자들은 양복에 중절모를 즐겨 썼다. 먼지떨이용 솔로 중절모를 손질한 뒤 케이스 안에 보관하기도 했다.

여성의 양장은 양복보다 늦게 보급되었어. 서양 여성이 맨 처음으로 양장을 선보이자, 서양 공사관과 사택이 몰려 있던 서울의 정동 거리에는 양장 차림을 보려고 구경꾼이 몰려들었다고 해. 그 뒤 미국 유학을 다녀온 한국 여성들이 양장을 입으면서 점차 일반 여성들에게도 보급되었지.

아직 대부분의 여성들은 한복 치마를 짧게 줄인 통치마에 저고리를 입었지만, 1930년대가 되면 서울 거리에서 서양식 정장 차림을 한 여성을 어렵지 않게 볼 수 있었어. 가장 멋쟁이인 여성은 단발머리를 하고 블라우스에

서울의 혼마치 풍경 으뜸이 되는 동네라는 뜻에서 '혼마치'라고 부른 번화가에는 일본인 상점과 음식점 등이 즐비했다. 이런 거리에서는 양복 차림의 젊은이들과 양장을 입고 구두를 신은 신여성들을 흔히 볼 수 있었다.

망토를 걸쳤으며, 발목까지 내려오는 긴 양장 치마에 굽이 높은 구두를 신었어. 이런 신여성을 비꼬아 '모던 껄(걸)'이라고 불렀단다.

혼마치 입구 개항 후 일본 공사관이 남산 기슭에 자리를 잡고, 이곳과 가까운 진고개(지금의 서울 충무로) 일대가 일본인 거주 지역이 되면서 일본인 상권이 형성되었다. 그 뒤 일본인들이 이곳에 많이 몰려와 살면서 혼마치라고 불렀다.

【 레스토랑에서 양손으로 양식을 】

조선 시대에 길거리에서 음식을 파는 식당은 주막이었어. 대개 길모퉁이에 자리 잡은 평범한 집에서 부엌 밖에 커다란 가마솥을 걸어 놓고 국을 끓였지. 그 국을 뚝배기에 밥과 함께 담아 주는 국밥이 주막에서 파는 단 한 가지 식단이었어.

그런데 도시가 발달하고 거리에 '모던 뽀이'와 '모던 껄'이 활보하면서 주막은 점점 사라지고 서양식 레스토랑이 하나둘 늘어나기 시작했어. 처음에 레스토랑은 주로 서양 사람들이 드나드는 호텔에 딸려 있었지. 이곳에서는 서양 음식이 일본으로 흘러들어 일본식으로 변형된 음식을 팔았어. 대표적인 것이 돈가스와 카레라이스란다. 돈가스는 돼지를 뜻하는 한자어 '돈(豚)'과 영어 요리 이름인 '커틀릿(cutlet)'을 일본어식으로 줄인 '가쓰'를 합쳐서 만든 이름이야. 카레라이스는 인도 음식이 포르투갈과 네덜란드 사람들을 통해 일본에 전해진 것이었고.

4층 식당

미쓰코시 백화점 일본 기업 미쓰코시 백화점이 서울에 낸 지점이다. 모던 보이와 모던 걸들은 백화점에서 쇼핑을 하고, 4층 대형 식당에서 서양 음식을 먹고, 옥상 카페에서 커피를 마시는 생활을 즐겼다.

서양 음식 그릇 세트

이런 서양 음식을 먹으면 왠지 자신이 서양 신사나 숙녀가 된 기분이었겠지만, 사실 보통 사람들이 즐기기에는 값이 비싸고 입맛에도 맞지 않았어. 그래서 주막이 변형된 서민 음식점이 생겨났지. 서울에서는 종로 뒷골목인 피맛길에 이런 음식점들이 들어섰어. 피맛길은 '말을 피하는 길'이라는 뜻이야. 종로 큰길에 양반들이 말을 타고 지나갈 때 상민들이 말을 피해 뒷길로 다니면서 생긴 이름이지. 이곳의 음식점에서는 갈비찜이나 생선구이를 술과 함께 팔았단다.

설탕통과 찻잔 세트

옥상 카페

【단란한 가족의 아늑한 문화 주택】

일제 강점기 이전에 우리는 어떤 집에서 살았을까? 요즘은 쉽게 볼 수 없으니 민속촌 같은 곳에나 가야 볼 수 있는 집, 바로 한옥이야.

한옥은 대가족 제도와 마을 공동체라는 당시의 시대 환경에 알맞게 설계되어 있었어. 대문을 들어서면 마당이 있고, 건물에는 손님을 맞는 사랑채와 넓은 대청마루가 있지. 안주인이 머무는 안채는 가장 깊숙한 곳에 자리 잡고 있어.

그런데 근대화된 도시 서울에서는 그렇게 넓은 터를 차지하는 한옥을 많이 지을 수가 없었어. 그래서 서양의 집 구조를 본떠서 우리 한옥과 결합시킨 새로운 집을 짓기 시작했어. 이런 집을 '문화 주택'이라고 했단다.

콘크리트나 벽돌로 짓는 문화 주택은 재료부터가 나무와 기와로 짓는 한옥과 달랐어. 그리고 마당과 건물이 트여 있지 않고 모든 방과 주거 시설이 건물 안에 모여 있는 폐쇄적인 구조였어. 비록 거실이나 응접실 같은 손님 접대 공간을 두었지만, 집은 이제 외부와 완벽하게 차단되어 가족끼리의 단

1930년대 문화 주택촌 1930년대 중반, 지금의 서울 후암동에 자리 잡고 있던 문화 주택촌이다. 사진 위쪽의 2층 건물들이 문화 주택이다. 문화 주택에는 주로 부유한 한국인이나 일본인들이 살았다.

문화 주택 외관 문화 주택은 벽돌이나 유리 같은 재료를 써서 2층으로 지었다. 집 안에 침실, 거실, 주방, 욕실을 갖춘 신식 주택이라 인기가 많았다.

전기다리미와 재봉틀 전기다리미는 전원만 연결하면 온도가 유지되는 편리성 때문에 재봉틀과 함께 상류층 여성들이 가장 갖고 싶어 한 생활용품이었다.

란한 사생활을 보호받는 공간이 되었어.

 이렇게 보면 1920년대 말에 나타난 새로운 옷차림이며 음식과 주택이 오늘날과 크게 다르지 않다는 점을 알 수 있어. 그러니까 우리의 근대적인 생활 양식은 일제 강점기인 1920년대에 성립되어 지금까지 이어지고 있다는 말이지. 일제 강점기는 일제가 우리나라를 침략하고 수탈한 시기였지만, 다른 한편으로는 우리의 오늘이 있게 한 출발점이기도 했던 거야. 우리나라가 일제 식민지였다는 뼈아픈 경험을 극복하려면 이 사실을 겸허하게 인정하는 성숙한 자세가 필요하단다.

키워드 25 국외 무장 독립운동

봉오동과 청산리에 파묻힌 독립 염원

1919년에 일어난 3·1 운동 소식은 북쪽 국경 밖 만주에까지 전해졌어. 독립운동가들은 크게 힘을 얻어 곳곳에서 만세 운동을 벌이면서 일제와 싸워 나라를 되찾아야 한다고 생각했어. 그러자 국내의 뜻있는 청년들이 앞다투어 만주로 모여들었지. 무장 독립운동이 시작된 거야.

【백두산을 주름잡은 호랑이 홍범도】

3·1 운동 이전부터 만주에서 활동하던 독립운동가 가운데 홍범도라는 사람이 있었어. 홍범도는 함경도 백두산 일대에서 호랑이를 잡는 포수였는데, 국내에 있을 때부터 일제에 맞서 의병을 일으키기도 했지. 홍범도는 3·1 운동 이후 만주로 몰려드는 젊은이들을 이끌고 대한 독립군을 만들었어. 그리고 이제는 일본과 일전을 벌일 때가 되었다며 부대를 이끌고 두만강을 건너 국내로 들어와 일본 경찰서를 습격하기도 했어. 이런 소식이 여러 독립운동 단체에 알려지자 너도나도 두만강을 건너 국내로 진격하는 작전을 펼쳤단다.

독립군 부대가 자주 국경을 넘어와 공격하자 일본은 두고 볼 수 없었어. 그래서 두만강을 건너가 독립군 부대의 근거지를 토벌할 계획을 세웠지.

한편, 계속된 국내 진격 작전에 사기가 오른 홍범도는 여러 독립군 부대를 하나로 합쳐 큰 부대를 만들기로 했어. 홍범도는 6개 독립운

홍범도

동 단체를 합쳐 약 900명에 이르는 부대를 만들어 봉오동에 집결시켰어.

이를 눈치챈 일본은 급히 봉오동으로 군대를 출동시켰어. 하지만 홍범도도 일본군이 쳐들어온다는 소식을 들었지. 홍범도는 봉오동 골짜기에 숨어 있다가 일본군을 기습 공격하는 작전을 세웠어. 봉오동은 남쪽만 빼고 동쪽과 북쪽, 그리고 서쪽을 높은 산이 둘러싸고 있었거든.

1920년 6월 7일 아침, 마침내 일본군이 봉오동으로 들이닥쳤어. 그런데 독립군은 그림자도 보이지 않았지. 일본군은 독립군이 깊은 산골로 도망친 줄 알고 골짜기로 더욱 깊이 발을 들여놓았어. 이때 높은 산마루에서 기다리고 있던 홍범도 부대가 일제히 총을 쏘며 공격했어. 일본군은 사방의 높은 산에서 총탄이 쏟아지자 정신을 차리지 못하고 도망치기에 바빴지.

이날 오후까지 계속된 전투에서 일본군은 백 수십 명이 죽거나 다치는 피해를 입었어. 승전 소식을 들은 우리 동포들은 서로 얼싸안고 기뻐했단다.

【 통쾌한 청산리 대첩 】

홍범도가 이끄는 독립군에게 패한 일본군은 한국 독립군을 더는 내버려 둘 수 없다고 생각했어. 하지만 독립군의 근거지인 간도는 중국 땅이라 일본이 마음대로 군대를 출동시킬 수가 없었어.

그래서 중국 정부에 독립군을 토벌할 것을 강력하게 요구했지. 하지만 중국은 마지못해 일본의 요구를 들어주는 척하면서 실제로는 독립군에게 미리 알려 몸을 피하도록 하고 자기들은 공격하는 시늉만 냈어. 중국 사람들도 마음속으로는 일본과 맞서 싸우는 한국 독립군을 응원하고 있었거든.

이러한 상황을 지켜본 일본은 꾀를 냈어. 중국 도적 떼에게 돈을 주어 간도의 일본 영사관을 공격하게 하고는 그것을 핑계로 일본 사람들을 지키기 위해 일본군을 출동시키겠다고 한 거야. 일단 기회를 얻자 일본은 2만 5천 명이 넘는 대규모 군대를 출동시켰어. 그리고 독립군의 씨를 말려 버리겠다며 독립군 기지를 향해 시시각각 포위망을 좁혀 갔지.

한편 독립군 부대들은 일본군이 쳐들어올 것이라는 첩보를 듣고 백두산

폐허가 된 한국인 농가
일제는 중국의 도적 떼를 매수해 간도의 일본 영사관을 불태우게 한 뒤, 이를 중국인과 한국인의 짓이라고 조작했다. 그러고는 간도 지역의 한국인 농가를 무참히 파괴하고 수많은 한국인을 학살했다.

나남의 일본군 19사단 함경도 나남에 사령부를 둔 일본군 19사단은 만주의 독립군과 항일 무장 세력을 토벌하고 독립운동가를 탄압하던 부대로 악명이 높았다. 봉오동 전투에서 크게 패한 일본군은 19사단을 주력으로 2만 5천 명을 동원해 청산리로 진격했다.

이 있는 장백산맥 기슭으로 모여들었어. 이곳은 산이 높고 숲이 울창해서 일본군의 공격을 막아 내기에 유리했거든.

독립군 가운데 멀리 북쪽 러시아 땅에서 활동하던 김좌진도 부하들을 이끌고 길림성 화룡현 남쪽의 청산리로 갔어. 이곳에서 홍범도의 독립군을 비롯한 여러 독립군이 하나로 뭉쳐 큰 부대를 만들기로 했단다.

이때 일본군도 청산리 백운평에 독립군이 모여 있다는 정보를 듣고 큰 부대를 출동시켰어. 일본군이 오고 있다는 소식을 들은 김좌진 장군은 백운평에서 일본군과 맞서 싸우기로 했어. 부대를 둘로 나누어 계곡의 양쪽 절벽 위에 몰래 숨겨 놓고 일본군이 오기를 기다렸지.

1920년 10월 21일 오전 8시, 청산리에 도착한 일본군은 독립군을 찾아 백운평 계곡으로 접어들었어. 이윽고 오전 9시, 김좌진의 총소리를 신호로 일제 사격이 시작되었어. 600여 정의 소총이 불을 뿜고, 4정의 기관총에서는 수천 발의 총알이 일본군을 향해 발사되었지. 박격포 2문도 쉬지 않고

일제 강점기의 시련을 넘어서 183

청산리 대첩 청산리 전투에서 크게 이긴 독립군이 승전 축하 기념사진을 찍었다. 맨 앞에 앉아 있는 사람이 김좌진 장군이다. 오른쪽 사진은 전투에 패한 일본군이 부상당한 병사들을 실어 나르는 모습이다.

일본군의 머리 위에 폭탄을 쏟아부었어. 기습을 받은 일본군은 힘 한번 써 보지 못하고 천 수백 명의 사상자를 내고는 후퇴할 수밖에 없었단다.

그 뒤 김좌진과 홍범도는 서로 힘을 모아 일본군을 여러 차례 기습 공격하여 일본군에게 큰 피해를 입혔어. 독립군이 일본군보다 수도 적고 무기도 형편없었지만 승리할 수 있었던 이유는 이 지역의 지형과 지세를 잘 알고 작전에 활용했기 때문이었어.

【 일제의 탄압을 뚫고 조직을 재건하다 】

그러나 일본군은 잘 훈련된 군대와 고성능 무기, 그리고 풍부한 물자를 앞세워 만주 일대로 진군했어. 그러고는 이곳에 살고 있던 한국 사람들이 독립군에게 도움을 주었다며 보복하기 시작했어. 마을에 불을 지르고 어른 남자들을 칼로 살해하는 만행을 저질렀어. 다시는 독립군에게 먹을 것을 주거나 정보를 알려 주지 말라는 경고였지.

일본군 국경 경비대의 검문 독립군의 활동을 막기 위해 일제는 국경을 살벌하게 감시했다. 압록강 부근 국경에서 일본군 경비대가 총칼로 한국인을 검문하는 모습이다.

홍만자회 증표 만주 지역 독립군들은 중국인으로 신분을 속이기 위해 중국인들이 신봉하던 종교인 홍만자회의 증표를 지니고 다녔다.

그러자 독립군은 일본군에 맞서 싸우는 것이 힘에 부친다고 판단하고 일단 후퇴하기로 했어. 백두산 일대를 벗어나 북으로 향한 독립군 부대는 더욱 멀리 중국 국경을 넘어 소련 땅으로 이동했어. 일본이 하도 닦달하는 바람에 중국도 마지못해 독립군 토벌에 나서고 있던 터라, 이를 피하기 위해서라도 중국 국경을 넘어야 했지.

독립군이 소련 방면으로 후퇴하자 일본군의 압박도 어느 정도 줄어들었어. 그러자 만주 지방에서는 다시금 무장 독립운동의 기운이 서서히 일어났어. 그리고 지역 단위로 세력을 합쳐 조직을 만들기 시작했어.

그 결실로 나타난 것이 1922년 남만주의 환인현 일대에서 결성한 통의부야. 통의부를 구성한 독립운동가들은 독립운동의 힘을 하나로 모아야 한다는 데 뜻을 같이했지. 하지만 그 하나가 무엇이어야 할지에 대해서는 의견이 모아지지 않았어.

가장 먼저 나온 주장은 상하이에 있는 임시 정부의 통솔을 받아야 한다

독립군의 무기

독립군이 초기에 사용한 무기는 1차 세계 대전 중 연해주에 주둔했던 체코군이 전쟁이 끝나고 돌아갈 때 여비 마련을 위해 내놓은 무기를 싼값에 구입한 것이다. 한인 사회 동포들은 독립군을 돕기 위해 군자금을 모으고 독립군의 군복 등도 직접 만들어 제공했다.

진군할 때 쓰던 깃발

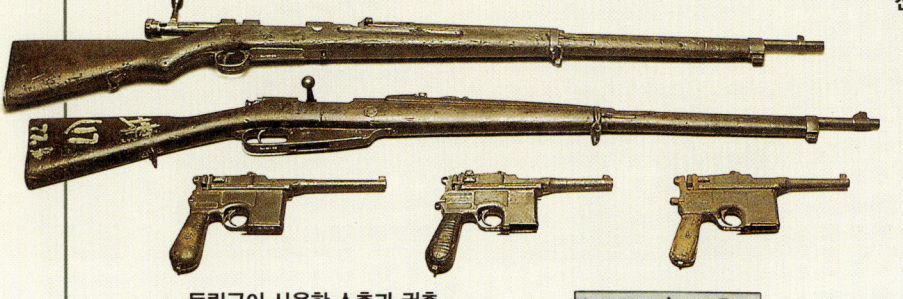
독립군이 사용한 소총과 권총

독립군 장교 복장 / 일반 병사 복장

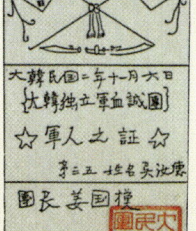
대한 독립군 혈성단의 군인 증명서

위험할 때 호신용으로 쓰던 지팡이 칼(장도)

독립군 장교가 지휘용으로 쓰던 지팡이 칼(단도)

군 장비와 식량 따위를 넣어 다니던 배부대

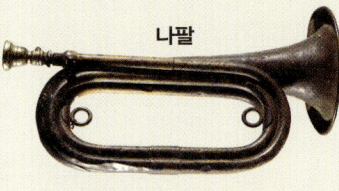
나팔

완장과 계급장

겨울에 이동하거나 전투할 때 착용한 발싸개

는 것이었어. 이렇게 주장하는 사람들은 통의부에서 떨어져 나가 참의부를 만들었지. 모두가 참의부와 뜻을 같이하지 못한 데에는 여러 가지 이유가 있었어. 가장 중요한 이유는 상하이 임시 정부의 통치력이 만주까지는 미치지 못하고 있다는 점이었어. 그 무렵 임시 정부는 민족주의파와 사회주의파로 갈라져 각자 조직으로 돌아가고 사실상 빈집 신세가 되어 있었거든. 그래서 만주 일대에서 한국인들과 얼굴을 맞대며 살아가고 있던 독립운동가들은 실질적인 통치력도 없는 임시 정부에 권한을 줄 수 없다고 생각한 끝에 따로 떨어져 나가 정의부를 구성했지.

한편 드넓은 만주에 흩어져 있던 독립운동가들은 일본군의 개입으로 자유롭게 연락하고 왕래할 수가 없게 되었어. 그래서 참의부는 남만주, 정의부는 간도 지방으로 나누어 활동했어. 이때 러시아 국경과 가까운 북만주에서도 이러한 이유 때문에 따로 독립운동 조직이 생겨났어. 이들은 신민부를 만들어 하얼빈을 중심으로 활동했단다.

【 극복하지 못한 분열 】

이처럼 3·1 운동 이후 만주 지방에서는 무장 독립운동의 열기가 뜨겁게 솟아올랐어. 그러나 그 열기를 계속 이어 가지는 못했어. 지역별로 나뉘어 각자의 조직을 꾸려 나가기에 바빴거든. 무장 독립운동의 힘을 모아 나라를 되찾을 수 있다고 기대하는 이들은 점점 줄어들었어. 그에 반해 일제의 힘은 점점 커져서, 만주로 중국으로 뻗쳐 가기 시작했지.

우리 무장 독립운동이 분열된 데에는 일제의 탄압이 시시각각 조여드는 것이 큰 요인으로 작용했어. 하지만 독립운동 조직들이 서로의 의견 차이를 좁혀서 하나로 합칠 만큼의 역량이 부족했다는 점도 부인할 수 없는 사실이란다.

키워드 26 김일성

김일성은 누구인가

김일성은 오늘날의 북한, 곧 조선 민주주의 인민 공화국을 세운 인물이야. 우리에게는 그가 6·25 전쟁을 일으켜 동족상잔의 비극을 불러온 잔혹한 공산주의자로 인식되어 있어. 한때 초등학생들은 김일성을 머리에 뿔이 달리고 독수리 발톱 같은 손을 가진 붉은 마귀로 그리곤 했지. 하지만 그건 실제 김일성의 모습이 아니란다.

【 독립운동의 열기 속에서 태어난 김일성 】

김일성은 1912년 평안남도 평양 부근에서 태어났어. 오늘날 북한은 김일성이 태어난 집을 복원하고 만경대라 부르며 아주 성스러운 유적지로 만들어 놓았지. 하지만 김일성이 태어났을 때 그의 집안은 그저 평범한 농촌 가정이었어. 어머니는 기독교 신자였고, 아버지는 농사를 지으면서 한편으로 독립운동 조직에 가담해 활동하고 있었지.

만경대 김일성이 태어난 집이다. 북한은 이곳을 '만경대 혁명 사적지'로 지정해 성스러운 유적지로 만들었다.

그러던 중 3·1 운동이 일어나자 많은 사람들이 북쪽 국경을 넘어 만주로 이주하기 시작했어. 김일성의 가족도 만주 길림 지역으로 이사를 갔지. 이때 김일성은 일곱 살이었으니, 3·1 운동을 보고 무언가 느끼는 바는 있었을 거야. 그리고 열다섯 살 무렵인 1927년부터는 길림에 있던 육문 중학교에 다녔어. 이곳은 독립운동에 뜻을 두고 만주로 간 사람들이 세운 학교여서 김일성도 자연스럽게 독립운동의 열기에 휩싸여 지내게 되었단다.

그런데 1920년대 후반에 만주 지역 독립운동의 상황은 몹시 나빴어. 서로 힘을 합치기는커녕 참의부·정의부·신민부로 나뉘어 상대방에 대한 비방을 일삼았고, 심지어 서로 공격하는 일도 심심치 않게 벌어졌지. 그러자 뜻있는 사람들이 이래서는 안 되겠다 싶어 다시 조직을 하나로 합치자는 운동을 벌였어. 그것이 '민족 유일당 운동'이었는데, 이 운동도 별다른 성과를 거두지 못하고 지지부진해지고 말았어.

【 사회주의에 가담하다 】

정세가 이처럼 어두워지자 젊은이들 사이에서는 새로운 사상 조류인 사회주의를 공부하고 사회주의를 독립운동의 기본 이념으로 삼으려는 이들이 많아졌어. 사회주의는 마르크스와 레닌이 정립한 사상인데, 무엇보다도 바로 국경을 맞대고 있는 소련이 사회주의 국가로서 독립운동에 새로운 희망을 불어넣어 주고 있었거든.

사실 나이 든 독립운동가들이 젊은이들에게 내세운 '애국 애족'이라는 구호는 점차 먹혀들지 않고 있었어. 나라를 잃은 지 20년이 다 되어 가도록 독립의 가능성은 보이지 않았거든. 오히려 만주에서 농사짓고 살면서 지주들에게 비싼 소작료를 빼앗기며 어렵게 살아가야만 했어. 그러다 보니 독립운동의 목표가 단순히 독립에 머무르지 않고 농민들에게 토지를 나누어 주는 혁명을 동시에 일으키는 방향으로 가야 한다는 사회주의 계열의 선전이 피부에 더 와 닿았지.

그래서 만주의 젊은이들은 나이 든 고리타분한 민족주의자들에게 계속 독립운동을 맡겨 둘 것이 아니라 사회주의로 무장한 젊은 세대가 이끌어야 한다고 생각하게 되었어. 김일성도 그런 분위기에서 중학교를 다녔지. 결국 김일성은 뜻이 맞는 청년들과 함께 사회주의 운동에 몸을 던지게 돼. '타도 제국주의 동맹'이라는 조직에 들어가 활동하기 시작한 거야.

만주 지방에서 사회주의 운동이 번져 갈 무렵 일제는 또다시 엄청난 일을 저질렀어. 1931년에 만주를 침공한 거야. 한반도를 식민지로 만든 것에 만족하지 않고 동아시아 전체를 집어삼키겠다는 야욕을 드러낸 것이었지. 이를 '만주 사변'이라고 해.

일본군이 만주 지방으로 진격해 오자 중국과 한국의 젊은 사회주의자들은 총을 들고 싸우기로 했어. 하지만 일본군은 수도 많고 무기도 월등한 데다 훈련도 잘되어 있어서 정면으로 맞붙을 수는 없었지. 그래서 사회주의자들은 작은 규모의 유격대를 꾸려서 깊은 산속으로 피해 다니며 일본군을 기습적으로 공격하곤 했어.

동북 항일 연군
중국인과 한국인이 공동의 적인 일본과 맞서 싸우기 위해 만주에서 조직한 군대이다. 둘째 줄 가운데에 앉아 있는 사람이 김일성이다.

이 과정에서 중국과 한국의 젊은이들은 일본이라는 공동의 적을 맞아 서로 도우며 싸웠어. 이렇게 만들어진 군대를 '동북 항일 연군'이라고 불렀어. 김일성도 이 군대에 소속되어 유격대원으로 활동했지. 이때 김일성은 조직원들을 잘 보살피고 일본군과의 전투에서 큰 공을 세워 따르는 이들이 많아졌어. 김일성은 곧 유격대를 이끄는 지휘관이 되었지. 오늘날 북한 곳곳에서는 "생산도, 학습도, 생활도 항일 유격대식으로!"라는 구호를 써 붙인 것을 볼 수 있는데, 이것은 바로 이때 김일성이 유격대를 이끌던 방식을 본받자는 뜻이란다.

【 보천보 전투의 영웅 】

1930년대 중반에 이르자 만주 지방의 사회주의자들은 중국인과 협력하면서 다른 한편으로는 한국인의 조직을 만들어 국경 너머 국내로 진격해 들어가 싸우기로 결정했어. 이때 만든 조직이 조국 광복회이고, 그 아래에 배치한 군대 조직이 조선 인민 혁명군이었지. 김일성은 그중 한 부대를 맡은 지휘관이었는데, 다른 지휘관들보다 신망이 두터웠다고 해.

이때 김일성을 전국적으로 유명하게 만든 전투가 벌어졌어. 1937년 6월 김일성은 자기가 지휘하는 유격대를 이끌고 일제의 전략적 요충지인 함경남도 보천보 마을을 습격해 승리를 거두었어. 그때는 일본이 만주를 넘어 중국과 전쟁을 벌일 기세였던 참이라, 이 소식은 신문에 실려 전국에 알려졌지. 그

보천보 전투를 보도한 신문 1937년 6월 4일 국내에 진격한 김일성 부대가 보천보 면사무소와 주재소를 습격한 사건이 실린 동아일보 호외 기사이다.

보천보 전투 현장
보천보 전투 당시의 모습 그대로 보존돼 있는 일본 경찰의 주재소와 복원된 포대이다. 주재소 정문 양쪽 벽에는 수많은 총탄 자국이 남아 있다. 북한에서는 보천보 전투를 김일성의 큰 업적으로 평가하여 이곳을 중요한 역사 유적으로 보존하고 있다.

러자 국내에 있던 우리 민족은 만주의 무장 독립운동이 드디어 국내로 진격할 만큼 성장한 것으로 여기고 크게 기뻐했어. 더불어 김일성도 유명한 인물이 되었지.

그러나 그 뒤 상황은 우리 민족의 바람과는 반대로 흘렀어. 마침내 중·일 전쟁이 터지면서 만주 일대로 일본군이 더 파견되어 무장 독립운동 조직은 버틸 수가 없었어. 그러자 독립운동을 포기하거나 무기를 버리고 투항하는 이들도 생겼지. 남은 세력은 그나마 자신을 보호해 줄 소련 영토인 연해주 쪽으로 넘어갔어. 김일성도 부대를 이끌고 연해주로 넘어갔단다.

1940년대에 들어서자 일본은 전선을 더욱 확대하여 태평양에서 미국과 전쟁을 벌였어. 중국과 미국을 상대로 전쟁을 하게 된 일본은 점점 불리한 상황에 몰렸지. 그러자 연해주로 피신했던 유격대들이 다시 만주로 돌아와 일본과 전쟁할 준비를 했어. 김일성도 일본의 세력이 기우는 것을 보고 국내로 진격할 태세를 갖추었지.

그러나 상하이의 임시 정부가 한국 광복군을 조직해 일본에 선전 포고를 하고 일본과 전쟁에 돌입하려던 순간에 일본이 패망함으로써 결전의 기회를 잃은 것과 마찬가지로, 김일성 부대도 일본이 너무 일찍 항복하는 바람에 그만 국내로 진격할 기회를 잃고 말았단다.

【김일성 바로 보기】

북한에서는 김일성이 1920년대 후반부터 한국의 무장 독립운동을 사실상 지도했다고 선전하고 있지만, 앞서 살펴보았듯이 김일성은 만주라는 넓은 지역에서 벌어진 무장 독립운동 가운데 아주 작은 부분을 차지하고 있었을 뿐이야. 더구나 국내의 여러 계층이 펼친 독립운동과 중국의 상하이, 충칭을 중심으로 펼친 임시 정부의 독립운동으로 범위를 넓혀서 보면 김일성의 역할은 더욱 작은 것이었지.

다만 만주 일대에서 벌어진 무장 독립운동 가운데 김일성 부대가 가장 활발한 활동을 벌였고, 또 만주 일대에서 김일성의 지도력을 칭송했던 것은 사실이야. 그러나 북한은 그 사실을 한껏 부풀려서 선전했고, 반대로 한국에서는 한때 항일 유격대의 김일성과 해방 이후 북한의 지도자 김일성은 다른 사람이라며 깎아내렸지. 남과 북 양쪽에서 서로 반대 방향의 극단으로 치달은 거란다.

김일성은 해방 후 조선 민주주의 인민 공화국을 세워 남북 분단의 한 축을 형성했고, 나아가 1950년 6·25 전쟁을 일으켜 우리 민족에게 엄청난 상처를 안겼어. 따라서 남쪽에서 김일성을 악마로 취급한 것은 어쩌면 자연스러운 감정이었을 거야. 그러나 이제 전쟁이 끝난 지도 60년이 넘었어. 이제는 감정이 아니라 일제 강점기 김일성의 역할을 있는 그대로 바로 볼 때가 되었지. 또한 독립운동가로 출발한 김일성이 왜 남북 분단의 한쪽 당사자로, 나아가 6·25 전쟁의 주모자로 변신하게 되었는지를 냉정하게 분석해 봐야겠지.

키워드 27 　중·일 전쟁

만주를 넘어 중국 대륙을 삼킨 일본

대한 제국을 무너뜨리고 한반도를 식민지로 만들자 일본의 지도자들은 우쭐해졌어. 아시아 국가로는 가장 먼저 근대화에 성공했고, 청·일 전쟁과 러·일 전쟁에서 잇달아 승리를 거둔 것이 스스로도 대견했거든. 또한 타이완과 한반도를 식민지로 거느리게 되자 자기들도 영국, 프랑스, 네덜란드, 미국 등 서구 강대국들과 같은 대열에 들어섰다고 느꼈지. 대담해진 그들은 다음 먹잇감을 노렸어. 바로 거대한 대륙 중국이었지.

【 일본의 앞길을 막은 대공황 】

1929년, 승승장구하던 일본의 뒤통수를 치는 큰 사건이 터졌어. 바로 미국 뉴욕의 증권가에서 시작된 대공황이었어. 이 대공황으로 미국을 비롯해 유럽 여러 나라의 은행들이 연이어 파산했고, 일자리를 잃은 수많은 사람들이 거리를 메웠어. 실업자가 늘어나자 시장에서는 물건이 팔리지 않았고, 결국 공장들이 문을 닫는 바람에 실업자는 더욱 늘어났지.

　이러한 대공황의 물결이 일본에도 밀어닥친 거야. 특히 일본 경제는 많은 원료를 외국에서 수입하여 가공한 뒤 이를 다시 수출하는 방식으로 운영되고 있었기 때문에 서구에서 일어난 대공황은 일본에 직접적으로 타격을 주었지. 수출은 절반으로 줄고 공장이 문을 닫으면서 100만 명이 넘는 실업자가 거리로 쏟아져 나왔어. 먹을 것이 없어서 나무껍질을 벗겨 먹는 사람, 굶주림을 견디다 못해 자식을 팔아 그 돈으로 끼니를 잇는 사람들까지 생겨났단다.

【만주 사변으로 돌파구를 찾다】

상황이 이렇게 어려운데도 일본의 정치 지도자들은 뾰족한 해결 방법을 내놓지 못하고 우왕좌왕했어. 그러자 군인들 중에는 일본에 닥친 어려움을 전쟁을 통해서 해결하자는 이들이 하나둘 늘어나기 시작했어. 그들은 이미 유럽에서 1차 세계 대전이 벌어진 것을 보았기 때문에 자기들도 전쟁을 할 수 있다고 생각했어. 더구나 청·일 전쟁과 러·일 전쟁에서 연달아 승리한 경험도 있고 해서 자신감이 넘쳤지.

마침내 1931년, 만주에 주둔하고 있던 일본 관동군이 사건을 일으켰어. 관동군은 일본이 운영하고 있던 만주 철도를 자기들이 폭파시키고는 중국군이 저지른 짓이라고 뒤집어씌워 중국군을 공격했어. 중국군은 난데없이 일본군이 공격해 오자 대응할 수밖에 없었고, 결국 두 나라 군대 사이에 전투가 벌어졌어.

본국에 있던 일본의 정치 지도자들은 이 사건이 크게 번지지 않고 수습되기를 바랐지만, 관동군 지휘부는 본국의 지시도 받지 않은 채 일방적으로 만주 지방을 점령해 나갔어.

일본군이 중국 땅인 만주를 함부로 점령하는 건 커다란 국제 분쟁을 일으킬 만한 일이었지. 그래서 관동군 지휘관들은 중국 청나라 왕조의 마지막

만주 침략을 위해 출동하는 일본 관동군

황제인 푸이를 내세워 만주국을 세웠어. 이름만 만주국이고 황제일 뿐, 실제로는 관동군이 통치했지.

일본 정치인들은 관동군의 막무가내식 행동을 걱정했지만 관동군을 막을 힘은 없었어. 게다가 일반 국민들은 관동군의 승리 소식을 듣고 열광적으로 환영했지. 특히 대공황으로 찌들어 있던 젊은이들에게 만주는 새로운 개척지와도 같아 보였거든. 그래서 너도나도 짐을 싸서 만주로 가기도 했어.

그중에는 한국의 젊은이들도 포함돼 있었단다. 한국 최초의 잡지 『소년』을 창간하고 3·1운동 때 '독립 선언서'를 쓴 천재 문학가 최남선도 이때는 친일파로 변신하여 만주로 향하는 대열에 합류했어.

【 만주를 지나 중국 대륙으로 】

만주 사변을 일으키고 만주국을 세우는 데까지 나아간 일본 군인들은 이제 중국 전체를 노렸어. 한번 생각해 보렴. 청·일 전쟁에서 크게 이겼고, 만주 사변 때 별다른 저항도 받지 않고 승승장구했는데, 일본이 두려울 게 뭐가 있었겠니.

기세등등한 관동군은 1937년, 이번에도 사소한 사건을 빌미로 전쟁을 일으켰어. 어느 날 밤, 베이징 부근에 주둔하고 있던 일본군 부대로 총성과 함께 총알이 날아들었고 병사 한 명이 실종되었어. 아무 증거도 없는데 일본군은 중국군이 한 짓이라고 우기며 중국군을 공격했지. 이렇게 중·일 전쟁을 일으켜 순식간에 베이징을 점령했어. 관동군 지휘부는 중국이 수도를 점령당했으니 정부 총통인 장제스가 항복할 거라고 생각했지.

그런데 장제스는 일본이 물러갈 때까지 끝까지 싸우겠다고 선언했어. 그 무렵 중국에서는 일본이 만주를 점령하고 꼭두각시를 내세워 만주국을 조종하자 일본에 맞서 싸우자는 민족주의 운동이 크게 일어났어. 그 덕분에

난징을 점령한 일본군(위)과 난징 대학살(아래)
일본군은 난징을 점령한 뒤 한 달 반 동안 수만 명의 중국인을 잔인하게 학살했다.

장제스가 이끄는 국민당 정부는 그 어느 때보다 강력한 통치권을 행사하게 되었지. 더구나 마오쩌둥이 이끄는 공산당도 국민당과 힘을 합쳐 항일 투쟁을 하겠다고 해서 모처럼 중국 사람들이 하나로 뭉친 셈이었어.

그러나 일본군은 훨씬 좋은 무기와 잘 훈련된 병사로 무장하고 남쪽으로 상하이, 한커우, 광둥, 난징 등 중국의 주요 도시들을 차례로 점령했어. 그런데 머지않아 일본군은 헤어날 수 없는 진창에 빠지고 있다는 것을 깨닫기 시작했어. 일본군은 도시들을 점령해 나갔지만, 후퇴한 중국군은 도시를 둘러싸고 있는 농촌을 근거지로 삼아 일본군을 괴롭혔거든. 일본군은 중국 대륙에서 도시라는 '점'만 차지했을 뿐, 도시와 농촌을 포함한 대륙의 '면'은 점령하지 못했던 거야.

아무리 공격해도 뿌리가 뽑히지 않는 중국군에 짜증이 난 일본군은 난징을 점령한 뒤, 저항에 대한 보복으로 중국인 여자와 어린아이를 포함해 민간인 수만 명을 마구잡이로 학살하는 만행을 저질렀어. 그래도 장제스는 멀리 서쪽 내륙 깊숙한 충칭으로 수도를 옮기며 항전을 멈추지 않았지. 중·일 전쟁은 점점 일본이 이길 수 없는 방향으로 흘러가고 있었어.

키워드 28 　**황국 신민화 정책**

일본 천황의 노예가 되어라

일본의 일부 정치인들은 가끔 "일본은 식민지 시대에 대해 사과할 필요가 없다."고 말해서 물의를 일으키곤 해. 이에 견주어 우리는 일관되게 일본 정부에 '진정한 사과'를 요구하고 있지. 특히 중·일 전쟁과 태평양 전쟁 시기에 일제가 우리에게 저지른 만행은 차마 용서할 수 없을 정도란다.

【일본 천황의 신하가 되라는 황국 신민화 정책】

일제는 1937년에 중·일 전쟁을 일으키고 1941년에는 태평양 전쟁을 벌이면서 전쟁을 승리로 이끌기 위해 나라 전체를 전시 체제로 바꾸었어. 사람들을 천황에게 복종시켜 천황의 명령에 따라 전쟁에 돌입하도록 하는 것이었지. 이러한 정책을 '황국 신민화 정책'이라고 하는데, 이것은 식민지 조선에서도 똑같이 펼쳐졌어.

황국 신민화 정책의 첫 번째 표적은 학생이었어. 학생들은 월요일 아침이면 전체 학생이 운동장에 모여 조회를 했는데, 이때 천황이 사는 황궁을 향해 절하고, 천황에게 충성할 것을 다짐하는 '황국 신민 서사'라는 글을 외워서 낭독해야 했어. 국기로는 태극기가 아닌 일장기를 써야 했고, 신사에 가서 일본의 승리를 기원하는 참배를 해야 했어. 일

황국 신민 서사석(위)과 궁성 요배 강요 포스터(아래)
"나는 대일본 제국의 신민입니다. 나는 마음을 합하여 천황 폐하께 충의를 다하겠습니다. 나는 인고 단련하여 훌륭하고 강한 국민이 되겠습니다."라는 어린이용 황국 신민 서사(맹세)가 쓰여 있는 돌이다. 학생뿐 아니라 한국인들 모두 황국 신민 서사를 암송하고, 천황이 사는 황궁을 향해 절을 해야 했다.

신사 참배 일제는 전국에 신사를 설치해 아침저녁으로 참배할 것을 강요했다.

제는 또 학교에서 한국어와 한국사 과목을 폐지하고, 일상생활에서도 일본어만 쓰도록 강요했단다.

　조선 총독부는 황국 신민화 정책을 효과적으로 추진하기 위해 '국민 정신 총동원 조선 연맹'이라는 조직을 만들었어. 총독부는 이 단체에 한국의 지도층 인사들을 가입시켜 한국 사람들을 선도하게 했지. 동아일보 설립자 김성수, 조선일보 사장 방응모, 교육자이며 한국 최초의 여성 박사인 김활란 같은 사람들이 이 단체에 가입해 활동했어. 이광수, 최남선, 서정주, 모윤숙 등 저명한 문학가들도 포함되었지.

　황국 신민화 정책은 학생뿐 아니라 조선 사람 전체를 대상으로 더욱 확대되었어. 사람들 모두가 일상생활에서 일본말을 써야 했단다. 우리말을 쓰다가 경찰에 걸리면 벌금을 물거나 감옥에 갇히기도 했기 때문에 사람들은 어쩔 수 없이 이를 따라야 했어.

일제는 이것으로도 모자라 조선 사람을 확실한 일본 사람으로 만들기 위해 성과 이름마저 일본식으로 바꾸게 했어. 이것을 '창씨개명'이라 한단다. 창씨개명은 먼저 윤치호 같은 친일파가 모범을 보였어. 한자로 尹致昊를 '伊東致昊'로 비슷하게 바꾸고 일본식으로 '이토지코'라고 불렀어. 윤 씨가 일본의 이토 씨로 바뀐 거야. 윤치호는 이렇게 함으로써 일본인과 한국인의 차별이 없어진다는 논리로 사람들을 현혹했지.

창씨개명을 하기 위해 줄을 선 사람들
일제는 조선인이 성과 이름을 일본식으로 바꾸지 않으면 배급도 주지 않고 기차표도 팔지 않았으며, 자녀의 입학과 진학을 허용하지 않는 등 불이익을 주며 창씨개명을 강요했다.

이렇게 되자 5천 년의 역사와 한글을 자랑하는 우리 민족이 지구상에서 사라질 위기에 놓였어. 가만히 앉아서 당할 수는 없었지. 최현배, 이희승 같은 한글 학자는 조선어 연구회라는 단체를 만들어 한글 사전을 만드는 등 우리말과 우리글을 보존하기 위해 애썼어. 조선어 연구회는 조선어 학회로 이름을 바꾼 뒤 한글 운동을 활발히 펼쳤어. 한글 맞춤법 통일안과 외래어 표기법을 제정하고, 우리말 큰사전 편찬 작업을 서둘렀지. 그러자 일제는 조선어 학회를 학술 단체로 위장한 독립운동 단체로 여기고 최현배, 이희승, 이윤재를 비롯한 회원 30여 명을 체포해 감옥에 가두었단다.

역사학자들도 위기감을 느꼈어. 그래서 안재홍, 문일평, 정인보 등의 역사학자들은 우리 민족의 역사를 연구해 민족주의 사학을 일으켰어. 이들은 우리 민족에게는 민족 정기가 있으므로 반드시 다시 일어설 날이 온다는 것을 일깨웠지.

《민족 문화를 지키려는 노력》

조선어 학회 사건 수난자 동지회
일제의 탄압으로 갖은 고초를 겪은
조선어 학회 회원들이 감옥에서 풀려난 뒤,
1949년 조선어 학회 사건 수난자 동지회를
만들고 찍은 기념사진이다.

우리말 큰사전 원고 조선어 학회가 우리말 큰사전을 편찬하기 위해
쓴 원고이다. 그러나 일제의 탄압으로 조선어 학회가 해체되면서
우리말 큰사전 편찬 사업은 중단되었다.

민족의식을 강조한 역사책들 일제의 침략을 폭로하고 민족정신을 일깨우는 데 중점을 둔
박은식의 『한국통사』를 비롯해 신채호, 정인보, 문일평, 안재홍 등 민족 사학자들이 쓴
역사책들이다.

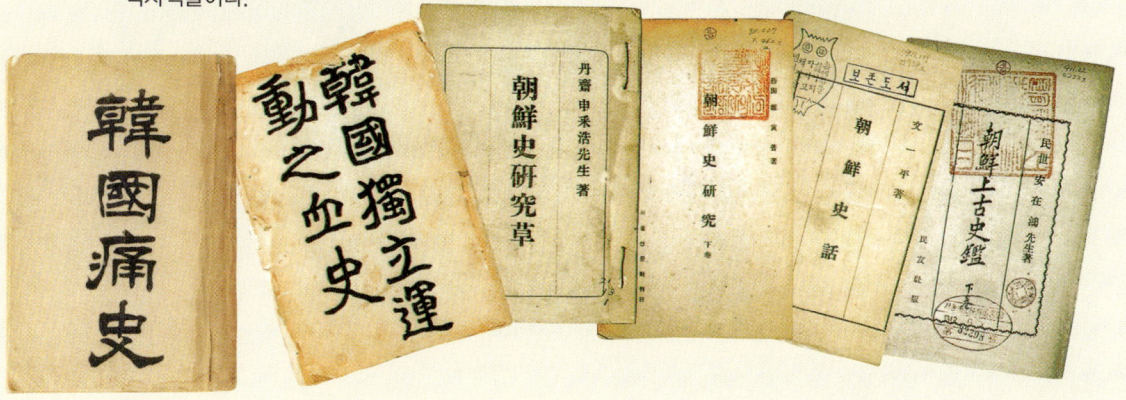

일제 강점기의 시련을 넘어서 201

【 광산으로, 전장으로 끌려가다 】

전쟁이 길어지자 일본은 국가 총동원법을 만들어 전쟁에 필요한 물품을 거두어 갔어. 군인들의 식량으로 쓸 쌀과 보리는 물론 무기 재료로 쓴다며 놋그릇과 수저까지 모조리 거두어 갔지.

한편 전선이 중국을 넘어 동남아시아로 확대되면서 군인의 수가 폭발적으로 늘어나 모두 720만 명이나 되었어. 그러자 공장에서 일할 노동자가 턱없이 부족해졌어. 그래서 정신대라는 것을 만들었어. '몸을 바쳐서 일하는 부대'라는 뜻인데, 나이 어린 학생과 군대에 가지 않은 남자들을 모집해서 공장으로 보내 일하게 한 거야. 그래도 일손이 모자라자 여자들까지 동원해서 여자 정신대를 만들었어.

공출 장려 포스터 나라에 의무적으로 농산물을 내놓을 것(공출)과 공동 작업을 장려하기 위해 조선 총독부가 만든 홍보 포스터이다. "한 알의 쌀이라도 더 많이 나라에 바쳐서 미국과 영국을 때려 부수자."라는 내용이 적혀 있다.

공출보국 식기 일제가 한국 사람들에게서 공출해 간 놋그릇 대신 지급한 사기그릇이다.

일제가 강제로 거둬들인 금속품 전쟁이 길어지면서 군수 물자가 부족해지자, 일제는 무기를 만든다며 놋그릇과 놋수저, 놋대야까지 마구 거둬 갔다.

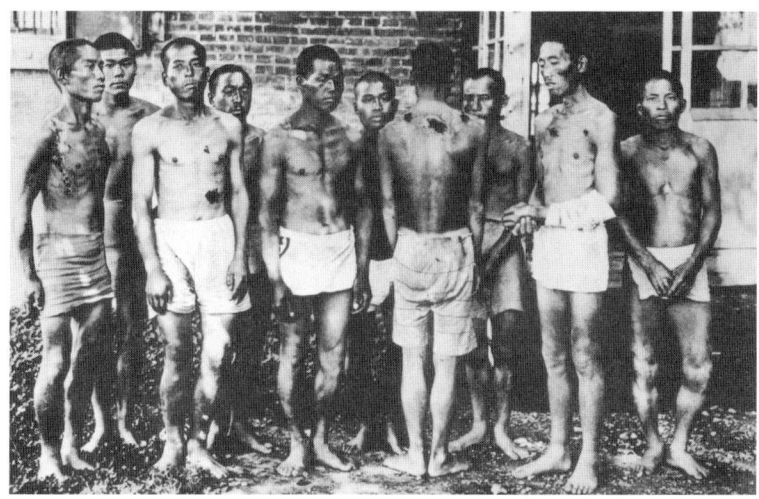

강제 징용당한 젊은이들
일본 홋카이도 나카가와
지방 탄광으로 끌려간
한국인 노동자들이다.
이들의 야윈 몸과 상처로
보아 매우 힘든 노동 조건
속에서 일했다는 것을
짐작할 수 있다.

　일제는 또 모자라는 노동력을 식민지 조선에서 충당하기 위해 1939년 징용령을 내려 한국 사람들을 일본으로 데려갔어. 강제로 끌고 간 한국 사람들을 대부분 일본 사람들이 일하기 힘든 광산이나 군수 공장으로 보냈지.

　일본이 패망하는 1945년까지 약 45만 명이 이렇게 강제로 조국을 떠나야 했단다. 그중에는 원래 소련 땅이었지만 당시 일본이 점령하고 있던 사할린의 광산으로 끌려간 사람들도 있었어. 일본이 패망하자 이 땅은 소련 영토가 되었어. 그때 일본은 이곳에 남아 있던 한국인 징용 노동자 4만 명을 고국으로 돌려보내지 않았어. 소련은 공산 국가였기 때문에 한국과 외교 관계가 막혀 있는 상황이라 이들은 그만 사할린 땅에 묶이고 말았지. 지금도 사할린에서는 그때 끌려간 사람들과 그 후손들이 억울한 타향살이를 하고 있단다.

　또한 일제는 태평양 전쟁의 전세가 기울기 시작하자 1943년에는 한국에서도 징병제를 실시해 한국 사람까지 군인으로 모집했어. 특히 학생들을 모집해 학도병이라는 이름으로 전장으로 내몰았어.

　더욱 추악한 일도 서슴지 않았어. 전선에서 고된 전투에 지친 군인들을

일제 강점기의 시련을 넘어서　203

학도병 출정식 일제는 학도 지원병제를 실시하여 학생들을 전쟁터로 내보냈다.

위로한다며 한국 여성들을 데려다가 일본 군인들의 성노예로 삼은 거야. 아직도 일본 정부는 군 위안부 문제에 책임이 없다고 발뺌하고 있지만, 강제로 끌려갔던 사실을 많은 한국인 위안부 생존자들이 증언하고 있단다.

【 뻔뻔한 친일파 】

전쟁이 절정으로 치닫자 국민 정신 총동원 조선 연맹은 이름을 '국민 총력 조선 연맹'으로 바꾸고 회원도 늘렸어. 여기에 소속된 지도층 인사들은 전국을 돌아다니며 한국 젊은이들에게 징용과 징병에 응하라고 부추겼어. 특히 징병제와 관련해서는, 한국 사람이 일본 군대에 들어가는 것을 허락해 준 일은 곧 한국 사람을 일본 사람과 동등하게 대해 주는 것이므로 이처럼 큰 은혜가 없다며 선전해 댔지.

해방 후 새 나라 대한민국이 맨 처음 한 일이 이때 국민 총력 조선 연맹에서 활발하게 활동한 이들을 처벌하는 일이었어. 친일 반민족 행위자를 처벌하기 위해 특별 조사 위원회를 만든 거야. 우리가 흔히 친일파라고 말할 때는 바로 이들을 가리키는 거란다. 이들은 해방이 되자 태도를 싹 바꾸어, 일제가 강제로 시켜서 했을 뿐 진심은 아니었다고 발뺌하기에 바빴어. 비겁한 친일파였지.

"어둠이 깊으면 곧 새벽이 밝아 온다."는 말이 있어. 바로 1940년대가 그런 시기였지. 일제는 쏘아 놓은 화살처럼 전쟁으로 치달았고, 그 과정에서 우리 민족은 엄청난 고통을 견뎌 내야만 했단다.

징병제 실시 감사 행진
일제는 징병제를 선전하기 위해 친일 단체인 국민 총력 조선 연맹을 동원해서 징병제 실시에 감사한다는 거리 행진을 벌이게 했다.

키워드 + 여자 정신대와 군 위안부

전쟁 최대의 피해자는 여성

서울 종로에 있는 일본 대사관 앞에서는 매주 수요일마다 특별한 집회가 열리고 있어. 일제 강점기에 중국과 동남아시아에 주둔한 일본군 부대에서 일본군의 성노예 노릇을 해야 했던 여성들이 이제 할머니가 되어 자신들이 겪은 고통을 고발하고 일본 정부에 사죄할 것을 요구하는 집회야.

1937년에 벌어진 중·일 전쟁에 이어 태평양 전쟁으로 전쟁이 확대되자 수백만 명에 이르는 일본 군인들은 낯선 전선에 배치되었어. 일본 정부는 군인들의 사기를 높일 방법을 생각한 끝에 군부대에 '위안소'라는 시설을 만들어 젊은 여성들을 데려다가 군인들의 성욕을 해결하게 했지. 이때 위안소에서 성노예로 살아가야 했던 여성을 '위안부'라고 불렀어.

위안부 여성들 중에는 일본 사람도 있고 중국 사람도 있었지만 한국 사람이 가장 많았다고 해. 전쟁이 끝나고 위안부들은 고향으로 돌아왔지만, 한동안 부끄러워서 자신이 당한 일을 감추고 살아왔지. 하지만 위안부로 고통을 당한 할머니들이 1992년부터 용기를 내어 말하기 시작했어. 그것이 오늘날까지 일본 대사관 앞의 수요 집회로 이어지고 있는 거지.

이 수요 집회를 이끌고 있는 단체는 '한국 정신대 문제 대책 협의회'야. 그래서 위안부가 곧 정신대라고 착각하기 쉬운데, 실제로 정신대와 위안부는 전혀 다르단다.

정신대는 '몸을 바치는 부대'라는 뜻으로, 성노예를 가리키는 말이 절대 아니야. 일본이 태평양 전쟁을 일으켜 700만 명이 넘는 군인들을 전장으로 내보내는 바람에 공장에서 일손이 부족해지자, 처음에는 보국대라는 이름으로 조선의 나이 어린 학생이나 농민들을 강제로 동원했어. 보국대는 '나라에 보답하는 부대'라는 뜻인데, 그보다 더 강한 표현으로 '몸을 바쳐 일한다.'는 뜻의 정신대라는 말이 생긴 거야.

여자 근로 정신대 13~15세의 어린 소녀들이 일본의 나고야 미쓰비시 군수 공장 숙소에 도착하는 모습이다.

군 위안부
중국, 인도, 일본 등지의 일본군 주둔 지역으로 수송되어 각 지역 위안소에 배치되었다.

판자로 만든 일본군 위안소

따라서 정신대는 처음에는 남자들로만 구성됐어. 그런데 일손이 모자라자 일제는 여성들까지 동원하기 시작했어. 1944년에 '여자 정신대 근로령'이라는 법령을 만들어서 여성들을 모집해 주로 전쟁에 필요한 군수 물자를 만드는 공장으로 보내 일하게 했지. 법령에는 자발적으로 모집에 응하게 돼 있었지만, 실제로는 강제로 동원되는 일이 흔했어. 그래서 한국 사람들은 정신대에 끌려가지 않으려고 애를 썼지.

이에 견주어 위안부는 정신대와는 별도로 모집했어. 군에서는 민간인이나 군인을 시켜 위안부를 모집하게 했는데, 대개 공장에 취직시켜 돈을 벌게 해 주겠다는 식으로 속여서 끌어 모았어. 간혹 정신대를 모집한다고 속여서 모은 경우도 있었지. 그래서 정신대 하면 위안부를 떠올리는 사람들도 생긴 거야.

정신대와 위안부 모두 일제가 벌인 전쟁에 강제로 동원당해 피해를 입은 경우로, 일제가 마땅히 책임을 인정하고 수습해야 할 문제야. 그런데 문제의 성격에 따라 수습 방법도 달라야 해. 정신대 문제는 일제가 제정한 법령에 따른 것이었기 때문에 그 법이 무효라는 것을 선언하고 강제 노동에 대한 피해를 보상해야 하지. 하지만 위안부 문제는 그때도 이미 법령에 따르지 않은 불법 행위였고, 더할 수 없이 부도덕한 범죄 행위였어. 따라서 일본은 훨씬 더 깊이 사죄하고 물질적·정신적 피해를 보상해야 해. 지금도 수요 집회가 계속되고 있는 것은 바로 이런 이유 때문이란다.

키워드 29 **태평양 전쟁**

긴 어둠을 지나 새벽이 밝아 오다

1941년 일본이 태평양 전쟁을 일으키면서 일본과 한국은 전쟁의 불길 속으로 휩쓸려 들어갔어. 일본군이 승리했다는 소식이 보도될 때마다 일본 국민은 머지않아 일본이 세계를 지배하는 나라로 우뚝 설 거라는 기대에 부풀었지. 하지만 시간이 지날수록 일본의 앞날에는 절망의 먹구름이 점점 짙게 드리워졌어. 반대로 우리 민족에게는 희망의 불빛이 다가오고 있었지.

【 승승장구하는 일본군 】

1941년 12월 7일 새벽, 일본 해군 연합 함대가 태평양 한가운데에 있는 미국 영토인 하와이 섬의 진주만을 기습했어. 이 공격으로 미 태평양 함대의

일본의 진주만 공습
일본이 미국의 진주만을 기습적으로 공격하면서 태평양 전쟁이 시작되었다. 일본군의 공격을 받은 미국 전함이 불에 탄 채 바닷속으로 가라앉고 있다.

전함 12척이 침몰하고 2,400여 명이 전사했어.

이 소식이 일본 국내에 전해지자 많은 일본 국민들은 그 무렵 세계 제일의 강대국으로 떠오르던 미국을 상대로 전쟁을 일으켰다는 사실에 가슴 뿌듯해했어. 한국에도 일본 사람과 똑같이 감격한 이들이 있었어. 바로 친일파였지. 이광수 같은 유명한 문학가는 감격에 겨운 나머지 시를 써서 이 전쟁을 칭송하기까지 했단다.

전쟁을 시작한 일본군은 미국의 영향력 아래에 있는 동남아시아를 점령하기 위해 힘차게 진군했어. 1942년 초에는 벌써 싱가포르를 점령했지.

일본 정부는 싱가포르 점령을 기념해 학생들에게 생고무로 만든 정구공을 하나씩 나누어 주었어. 학생들은 공을 가지고 놀며 일본 정부가 그동안 선전해 온 대로 드디어 아시아가 힘을 합쳐 서양 세력을 무찌르는 역사적인 순간이 다가오고 있다고 믿었지.

【 대동아 공영권은 실현되는가 】

그런데 싱가포르 점령을 기념으로 고무공을 나누어 준 진짜 이유는 무엇일까? 거기에 바로 일본이 태평양 전쟁을 일으킨 이유가 들어 있단다.

돌아보면, 일본이 한국을 병탄하고 식민지로 삼은 것은 제국주의의 길로 들어서는 첫걸음이었지. 당시 세계 정세는 영국, 프랑스, 독일, 미국 등 서양 나라들이 아시아를 향해 제국주의적 침략의 손길을 뻗치던 시기였어. 그런데 일본이 아시아 국가로서는 처음으로 제국주의 대열에 올라서서 서구 제국주의 국가들을 제치고 한국을 식민지로 차지하는 데 성공한 거야.

일단 제국주의의 길로 들어선 일본은 한반도만으로 만족할 수 없었어. 드넓은 중국 대륙 전체를 아우르는 대제국을 건설하겠다는 욕망이 일었던 거야. 그래서 1931년에 만주 사변을 일으켜 만주를 차지했어. 이어서 일본은 중국 본토까지 차지해 동아시아 전체를 하나로 묶는 '대동아 공영권'을 건설하자고 했어. 그래서 1937년에는 중·일 전쟁을 일으켜 중국 대륙을 침략했단다.

이처럼 일본이 하루가 다르게 영토를 넓혀 가자 영국과 미국 등 서구 국가들은 일본을 경계하기 시작했어. 중국에서 전쟁을 멈추고 군대를 철수하라고 압박했어. 물론 일본은 이를 거부했지.

일본이 말을 듣지 않자 미국과 영국은 일본에 석유와 고무 같은 자원의 수출을 금지했어. 일본은 산업에 꼭 필요한 자원인 석유와 고무가 전혀 나지 않는 나라였어. 따라서 미국과 영국의 수출 금지 조치는 일본의 목을 조르는 것과 다름없었지.

결국 일본은 석유와 고무가 나는 동남아시아를 점령해야 한다는 결론에 이르렀어. 이를 위해서는 동남아시아에 대한 관할권을 주장하는 미국과 전쟁을 벌일 수밖에 없었지. 일본이 진주만을 공격한 것은 이러한 속사정 때문이었단다.

【 미드웨이 해전의 충격 】

일본은 진주만 공격에 성공한 뒤 곧이어 싱가포르, 필리핀, 인도차이나, 말레이시아, 버마(지금의 미얀마), 인도네시아 등을 순식간에 점령해 나갔어. 일본 국민과 한국의 친일파는 이제 드디어 일본이 세계를 호령하는 강대국이 되었다며 기뻐했지.

하지만 일본은 미국을 너무 얕잡아 보았어. 미국은 일본의 진주만 공격으로 많은 피해를 입긴 했지만, 미국 본토는 전혀 공격 받지 않았어. 따라서 산업 시설을 최대한 가동해 손실을 빠르게 회복할 수 있었지. 게다가 미국은 항공모함과 폭격기의 전력이 세계 최강이었어. 전력을 가다듬은 미국

B29 폭격기

미드웨이 해전
진주만 공습부터 승승장구하던 일본군은 미드웨이 해전에서 크게 패하면서 기세가 꺾이기 시작했다.

은 1942년 4월 항공모함에 B29 폭격기를 싣고 가서 도쿄를 비롯해 일본 본토에 폭탄 세례를 퍼붓기 시작했어.

이에 맞서 일본은 미국 항공모함 기지가 있는 미드웨이 섬을 공격했어. 그러나 일본은 1942년 6월에 벌어진 미드웨이 해전에서 크게 패하고 말았지. 일본은 미국과 달리 빠른 시간 안에 손실을 회복할 능력이 부족했어. 철강과 석유 같은 원자재를 모두 외국에서 수입해야 했기 때문이야.

일본은 그 뒤 연이은 해전에서도 패하고 태평양에 대한 제해권을 미국에 완전히 빼앗기고 말았어. 일본은 자신들이 점령한 동남아시아 영토를 지키기 위해 안간힘을 써야 했지.

미국보다 무기와 군수 물자 면에서 훨씬 뒤져 있는 일본군은 오로지 정신력으로 버티려고 했어. 그래서 전투기에 폭탄을 싣고 적의 함선을 향해 날아가 충돌하는 자살 공격을 감행하기도 했지. 이런 자살 공격대를 '가미카제 특공대'라고 불렀단다. 또 적군이 공격해 오면 아무리 전세가 불리해도 항복하지 않고 모두 죽을 때까지 싸우는 옥쇄 작전을 펼치기도 했어. 옥

가미카제 특공대 가미카제는 일본군 조종사가 폭탄을 가득 실은 전투기를 타고 미군 전함을 들이받는 자살 특공대였다. 왼쪽 사진은 가미카제가 미국 항공모함을 공격하는 모습이다.

쇄란 '부서져 옥이 된다.'는 뜻으로, 명예나 충절을 위해 깨끗이 죽을 때 쓰는 말이야. 한국의 친일파 문학가들은 이러한 전술을 두고 아시아인의 기개를 보여 준 장한 일이라며 입이 닳도록 칭송했지. 실제로 일본군의 이러한 전술 때문에 미군이 진격의 속도를 내지 못한 것은 사실이었단다.

【 독일의 패전 】

일본의 패망을 재촉한 계기는 뜻밖에 유럽에서 마련됐어. 일본은 미국과 태평양 전쟁을 벌이기에 앞서 독일, 이탈리아 등과 동맹을 맺었어. 그 무렵 유럽에서는 독일, 이탈리아 등이 일으킨 전쟁에 대항해 영국, 프랑스, 미국, 소련 등이 연합군을 형성해 맞서고 있었지. 여기에 일본이 독일 쪽에 가담함으로써 온 세계가 전쟁터가 된 거야. 글자 그대로 세계 대전이 완성된 셈이었지.

그런데 태평양에서 일본을 상대하던 미국이 소련에 지원을 요청했어. 만약 한반도 북쪽에서 소련이 밀고 내려오면 일본은 남과 북 양쪽에서 협공을 받는 신세가 될 터였지. 그러나 소련은 아시아로 힘을 흩어 놓았다가 유럽에서 국경을 맞대고 있는 독일에 밀릴 것이 두려워 미국의 요구에 선뜻 응하지 않았어.

결국 1945년 2월, 흑해 연안의 얄타에서 미국의 루스벨트 대통령과 소련의 스탈린 서기장, 영국의 처칠 수상이 만나, 독일이 항복한 뒤 3개월 안에 소련이 일본과의 전쟁에 참전하기로 약속했어. 그런데 그해 5월 8일, 드디어 독일이 항복하고 유럽에서는 전쟁이 끝났어. 그러자 미국은 소련에 약속을 지키라고 요구했지.

【 원자 폭탄 투하와 광복 】

그런데 이 시점에서 역사의 흐름은 아무도 예상하지 못한 방향으로 흐르기 시작했어. 독일이 항복한 뒤, 그동안 연합군으로 함께 싸웠던 미국과 소련 사이가 벌어진 거야.

문제는 독일 영토의 처리였어. 당시 소련은 사회주의 국가였어. 그래서 패망한 독일에 들어설 정부가 사회주의 진영에 속하기를 바랐지. 하지만 미국과 영국은 그걸 용인해 줄 뜻이 전혀 없었어. 마침내 정세는 독일을 동과 서로 나누어 서쪽에는 자본주의 국가, 동쪽에는 사회주의 국가를 세우는 방향으로 흘렀지. 제국주의 전쟁은 끝났지만, 자본주의와 사회주의 사이에 새로운 갈등이 시작된 거야. 이를 '냉전'이라고 한단다.

냉전의 낌새를 알아챈 미국은 일본과의 전쟁에 소련이 참가하는 것을 골칫거리로 생각했어. 일본이 항복하면 독일처럼 일본도 둘로 나누어야 하는 것 아닌가 걱정했던 거야.

그런데 독일이 패망하고 나서 석 달이 되던 1945년 8월 9일, 소련군이 시베리아에서 한반도를 향해 내려오기 시작했어. 미국 땅은 태평양 건너편에 있기 때문에 자칫 소련이 미국보다 먼저 한반도와 일본 전체를 점령할지도

모를 일이었어.

  마침 미국에는 이럴 때를 대비해서 비밀스럽게 준비해 온 것이 있었어. 바로 원자 폭탄이야. 인류가 이제껏 상상도 못했던 강력한 폭탄을 일본 본토 몇 군데에 떨어뜨려 당장 일본의 항복을 받아 내겠다는 것이었지. 미국은 계획대로 8월 6일에는 히로시마에, 8월 9일에는 나가사키에 원자 폭탄을 떨어뜨렸어.

원자 폭탄 리틀보이 히로시마에 떨어진 원자 폭탄은 암호명이 '리틀보이'로, 세계에서 최초로 사용된 원자 폭탄이었다.

히로시마에 떨어진 원자 폭탄의 버섯구름
1945년 8월 6일 미 공군의 폭격기가 일본 히로시마에 원자 폭탄을 떨어뜨리자, 히로시마 상공에 버섯구름이 피어올랐다.

항복 문서에 서명하는 일본 대표
미국이 전쟁을 빨리 끝내기 위해 일본의 히로시마에 이어 나가사키에까지 원자 폭탄을 떨어뜨리자 1945년 8월 15일 일본은 무조건 항복을 선언하고, 9월 2일 미국 함대 미주리호 선상에서 항복 문서에 서명했다.

 일본 사람뿐 아니라 세계 모든 사람들이 히로시마에 투하된 원자 폭탄의 위력에 입을 다물지 못했어. 그 무렵 히로시마의 인구는 35만 명 정도였는데, 폭탄이 떨어진 순간 약 7만 명이 바로 그 자리에서 죽고, 그해 말까지 16만 명 이상이 목숨을 잃었어. 폭탄 한 발에 도시 인구의 절반이 죽은 거야.
 미국의 뜻대로 일본은 더는 버틸 수가 없었지. 1945년 8월 15일, 히로히토 천황은 마침내 항복을 선언했어. 일본과 한국의 친일파에게는 슬프고 비극적인 날이었지만, 대다수 한국 사람들에게는 긴 암흑을 지나 드디어 빛을 되찾는 광복의 순간이었단다.

일제 강점기의 시련을 넘어서

연 표

근대

1876년 조선이 일본과 불평등 조약인 강화도 조약을 맺고 나라의 문을 열었다.

1881년 신식 군대인 별기군을 만들었다.

청나라와 일본에 각각 영선사와 조사 시찰단을 파견하였다.

1882년 별기군에 견주어 차별 대우를 받던 구식 군인들이 임오군란을 일으켰다.

1883년 최초의 근대식 신문 한성순보가 창간되었다.

1884년 김옥균 등 개화파가 갑신정변을 일으켰다.

1885년 미국 선교사 알렌의 건의로 최초의 서양식 병원인 광혜원을 설립하였다.

서울과 인천 사이에 최초의 전신 시설이 개통되었다.

1887년 경복궁 건청궁에서 최초로 전깃불이 켜졌다.

1894년 전라도 고부 군수 조병갑의 수탈에 저항해 농민들이 동학 농민 운동을 일으켰다.

청나라와 일본이 조선에 대한 주도권을 놓고 청·일 전쟁을 벌였다.

군국기무처를 설치하고 갑오개혁을 실시하였다.

1895년 왕비 민씨가 일본을 견제하기 위해 러시아를 끌어들이자, 일본이 왕비 민씨를 시해하였다(을미사변).

을미개혁으로 상투를 자르고 머리를 짧게 깎는 단발령을 실시하였다.

1896년 을미사변으로 신변에 위협을 느낀 고종이 러시아 공사관으로 거처를 옮겼다(아관 파천).

서재필 등이 중심이 되어 독립 협회를 결성하고, 조선의 자주 독립 의지를 담은 독립문을 세웠다.

1897년 고종이 나라 이름을 대한 제국으로 고치고 황제 자리에 올랐다.

1899년 서대문과 청량리 사이에 전차가 개통되었다.

우리나라 최초의 철도인 경인선이 개통되었다.

1904년 일본이 뤼순항의 러시아 함대를 공격하면서 러·일 전쟁이 시작되었다.

1905년 일본이 대한 제국의 외교권을 박탈하는 을사조약이 체결되었다.

1906년 전국 곳곳에서 을사조약 체결에 반대하는 의병 항쟁이 일어났다.

1907년 고종이 을사조약의 부당함을 알리기 위해 헤이그에 특사를 파견하였다.

일본이 고종을 퇴위시키고 대한 제국의 군대를 해산하였다.

일본의 경제 침략에서 벗어나기 위해 국민들의 모금으로 나라 빚을 갚자는 국채 보상 운동이 시작되었다.

안창호를 중심으로 항일 비밀 결사 단체인 신민회가 결성되었다.

1908년 전명운과 장인환이 친일 미국 외교관 스티븐스를 사살하였다.

1909년 안중근이 조선 침략의 주범인 이토 히로부미를 사살하였다.

1910년 한·일 합병 조약이 맺어짐으로써 대한 제국이 일본에 강제 병합되었다.

일본이 식민 통치 기관인 조선 총독부를 설치하였다.

1919년 3·1 운동이 일어났다.

3·1 운동을 계기로 중국 상하이에서 대한민국 임시 정부가 세워졌다.

만주에서 항일 무장 독립운동 단체인 의열단이 조직되었다.

1920년 한국인이 한글로 발행하는 민간 신문 동아일보와 조선일보를 창간하였다.

홍범도와 김좌진이 각각 봉오동 전투와 청산리 전투에서 일본군을 물리쳤다.

1923년 민족 경제를 살리려는 목적으로 조선 물산 장려 운동이 일어났다.

방정환이 어린이 문화 운동 단체인 색동회를 만들고 5월 1일을 어린이날로 제정해 기념하였다.

1924년 일본이 식민지 통치에 필요한 인재를 길러 내기 위해 경성 제국 대학을 설립하였다.

1926년 대한 제국의 마지막 황제인 순종의 장례식 날 전국적으로 6·10 만세 운동이 일어났다.

의열단원인 나석주가 식산은행과 동양 척식 주식회사에 폭탄을 던지고 자결하였다.

1927년 사회주의 진영과 민족주의 진영이 협력하여 최초의 좌우 합작 단체인 신간회를 결성하였다.

1929년 한국인 학생과 일본인 학생의 충돌을 계기로 광주 학생 운동이 일어났다.

일본인 감독이 한국인 노동자를 심하게 때린 사건에 분노한 원산의 노동자들이 4개월 동안 대대적인 파업을 일으켜 일본에 큰 피해를 입혔다(원산 총파업).

1931년 일본 관동군이 만주를 침략하였다(만주 사변).

동아일보가 농촌 지역에서 문맹 퇴치 운동인 브나로드 운동을 벌였다.

김구가 일본 요인 암살을 목적으로 한인 애국단을 조직하였다.

1932년 한인 애국단원 이봉창이 일본 도쿄에서 천황을 처단하기 위해 폭탄을 던졌으나 실패하였다.

일본의 전승 기념식이 열리던 상하이 훙커우 공원에서 한인 애국단원 윤봉길이 폭탄을 던져 거사에 성공하였다.

1933년 조선어 학회가 한글 맞춤법 통일안을 제정하였다.

1936년 손기정이 베를린 올림픽 마라톤 대회에 참가해 우승하였다.

1937년 김일성이 이끄는 조선 인민 혁명군이 국내로 들어와 함경남도 보천보에서 승리를 거두었다(보천보 전투).

중·일 전쟁이 일어났다.

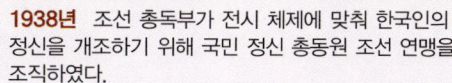

1938년 조선 총독부가 전시 체제에 맞춰 한국인의 정신을 개조하기 위해 국민 정신 총동원 조선 연맹을 조직하였다.

1939년 국민 징용령 실시로 한국인들이 일본의 광산이나 군수 공장으로 끌려갔다.

1940년 중국 각지에서 활동하던 독립운동 단체들이 충칭 임시 정부를 중심으로 모여 한국 광복군을 조직하였다.

일본이 창씨개명을 실시하고 동아일보와 조선일보를 강제로 폐간하였다.

1941년 일본의 진주만 공격을 시작으로 태평양 전쟁이 일어났다.

1942년 일본이 우리말과 우리글을 탄압하기 위해 조선어 학회 회원을 체포하는 등 민족 말살 정책을 강화하였다.

1943년 태평양 전쟁에서 전세가 기울자 일제는 징병제와 학도 지원병제를 실시해 학생들까지 전쟁터로 내몰았다.

1944년 일본의 패망과 한국의 광복에 대비해 자주 독립 국가를 건설한다는 목표로 여운형 등이 조선 건국 동맹을 조직하였다.

1945년 일본에 두 차례나 원자 폭탄이 떨어지자 일본이 항복을 선언함으로써 한국은 광복을 맞이하였다.

찾아보기

ㄱ

가미카제 특공대 211, 212
가쓰라·태프트 밀약 92, 148
갑신정변 28, 31, 32, 38, 44, 67, 68
갑오개혁 44~46, 48, 49
강화도 조약 12~14, 18, 20, 21, 24, 25, 43
개화 20, 21, 31, 33, 49
개화 정책 28~32, 45~47, 49, 56, 60, 69, 83, 85
고종 16, 17, 28~30, 61~69, 73, 80~88, 93, 95~97, 101, 130, 153
관동군 195, 196
관민 공동회 71, 72, 78
광무개혁 80
광주 학생 운동 170
광혜원 56
국가 총동원법 202
국민 정신 총동원 조선 연맹 165, 199, 204
국민 총력 조선 연맹 204, 205
국제 연맹 150
국채 보상 운동 112
군국기무처 46
군 위안부 204, 206, 207
권중현 94, 100
김개남 36, 41
김구 51~53, 109, 142~146, 151
김규식 132, 140
김성수 167, 199
김옥균 23, 31~33, 44, 68
김윤식 23, 45
김일성 188~193
김좌진 183, 184
김홍집 45, 46, 65
김활란 199

ㄴ

난징 대학살 197
냉전 213

ㄷ

단발령 102, 104
대동아 공영권 209, 210
대동아 공영론 111~113, 118
대성 학교 109
대한 국민 의회 138, 140
대한 독립군 180
대한 독립 선언서 139
대한민국 임시 정부 136, 139~141, 144
대한 자강회 106~109, 161
대한 제국 63, 66, 80~90, 141, 147
대한천일은행 84
대한 협회 108, 109
데라우치 98, 118, 161
독도 90, 91
독립관 69
독립문 68, 70, 71, 73
독립신문 69, 70
독립 협회 68~73, 78, 80, 83, 84, 100, 147
동북 항일 연군 190, 191
동아일보 156, 157
동양 척식 주식회사 126
동양 평화론 111, 115
동학 34, 36, 41
동학 농민 운동 34~36, 39, 41, 43, 44, 110

동화 정책 118, 121, 129, 133, 156

ㄹ

러시아 공사관 64, 65, 68, 69
러·일 전쟁 86~88, 90~92

ㅁ

만국 평화 회의 96
만민 공동회 71, 72
만주 사변 190, 195, 209
메이지 유신 14, 15, 20, 42
메이지 천황 15, 81
명성 황후 63, 64, 66~69
모윤숙 199
무단 통치 132, 135, 152, 156, 162
무장 독립운동 180, 185, 187, 192, 193
문일평 200, 201
문화 정치 152, 155, 157~159
문화 주택 178, 179
미드웨이 해전 210, 211

미우라 62~64
민영익 24, 32
민영환 95
민족 자결주의 132, 133, 162

ㅂ

박규수 20, 22~25
박영교 32, 33
박영효 23, 31~33, 44, 110, 138
박은식 201
박정양 45, 68
박제순 94, 100
배재 학당 56, 147
『백범일지』 52, 143
별기군 29, 30
보국대 206
보천보 전투 191, 192
보통 경찰 제도 156, 158
봉오동 전투 183

ㅅ

사발통문 37
사이토 마코토 155, 156

삼국 간섭 61, 62
3·1 독립 선언서 128
3·1 운동 128, 130~133, 135, 136, 138, 152~154
서광범 23, 31~33, 44
서대문 형무소 130, 154, 161
서재필 31~33, 68~70, 73, 147, 160
손병희 128, 138
손화중 36, 41
송병준 169
순종 97~99, 168
스코필드 134, 135
스티븐스 149
시모노세키 조약 60
「시일야방성대곡」 106
신간회 166, 169~171
신돌석 103
신민부 187, 189
신민회 108, 109, 161
신사 유람단 29, 160
신채호 109, 151, 201

ㅇ

아관 파천 60, 65, 68, 74,

76, 77, 86
아펜젤러 56, 147
안재홍 200, 201
안중근 98, 110~115, 138
안창호 108, 109, 112, 140, 141, 143, 161
알렌 56, 64
애국 계몽 운동 106, 108, 109, 161
어윤중 45, 65
영선사 28
영은문 70, 73
오세창 108
우정국 31, 32, 52
운산 광산 75
운요호 15, 23
운요호 사건 16
원자 폭탄 91, 214, 215
윌슨 132, 133, 162
유관순 130
유길준 23, 45, 65, 160
유인석 138
6·10 만세 운동 168
윤봉길 139, 144, 145
윤치호 70, 107, 109, 160~165, 200

을미사변 60, 63, 147
을사 5적 95, 100
을사조약 92, 94~102, 104
의병 운동 97, 102
이광수 166, 167, 199, 209
이근택 94, 100
이동녕 139
이동휘 109, 137, 138, 140, 161
이봉창 139, 144
이상설 96
이상재 70, 160, 169
이상협 156, 157
이승만 137~140, 142, 146~151
이완용 70, 73, 94, 98, 100, 101, 160, 169
이용익 84
이용태 36
이위종 96
이윤재 200
이준 96, 112
이지용 94, 100
이토 히로부미 92~96, 98, 110, 111, 113~115, 138, 149
2·8 독립 선언서 166

이희승 200
임오군란 29~31

ㅈ

자치론 166, 167, 169
장인환 149
장지연 95, 106~109
전로 한족회 중앙 총회 138
전명운 149
전봉준 34~37, 39~41
정동 교회 57
정신대 202, 206, 207
정의부 187, 189
정인보 200, 201
제너럴셔먼호 22, 23
제암리 학살 사건 133, 135
조국 광복회 191
조병갑 35, 36
조사 시찰단 28, 29
조선 공산당 168
조선 민주주의 인민 공화국 188, 193
조선어 학회 200, 201
조선 인민 혁명군 191
조선일보 157, 199

조선 총독부 133, 155, 157, 199, 202

조선 통감부 93, 107

조·일 수호 조규 12, 17, 18

주시경 70

중·일 전쟁 192, 194, 196~198, 210

집강소 39

징병제 203~205

ㅊ

참의부 187, 189

창씨개명 200

철종 66, 103

청산리 전투 184

청·일 전쟁 42~44, 60~62

최남선 196, 199

최익현 20, 25, 26, 102~105

최현배 200

치외법권 18, 19

친러파 65, 100

친일파 60, 63, 65, 73, 100, 101, 158~160, 164~167, 196, 200, 204, 205, 209, 210

ㅌ

태평양 전쟁 91, 164, 198, 203, 206, 208, 209

토지 조사 사업 122, 124~127

통리기무아문 28

통의부 185, 187

ㅍ

파리 강화 회의 132, 162

페리 제독 13, 14

폐정 개혁안 40

포츠머스 강화 조약 89

ㅎ

하라 수상 154~156

학도 지원병제 204

한국 광복군 146, 192

한국 독립군 182

한규설 94

한성순보 56

한성은행 84

한성 임시 정부 136, 137, 140

한인 애국단 144

한·일 의정서 88

한·일 합병 92, 109, 118

한·일 합병 조약 98, 108, 118, 122, 140

헌병 경찰 제도 120, 156, 158, 161

헌의 6조 72, 73, 78

헤이그 특사 96

홍계훈 38

홍만식 95

홍범도 180~184

홍영식 23, 31~33

홍종우 84

황국 신민 서사 198

황국 신민화 정책 198, 199

황국 협회 73

황성신문 95, 106

흥선 대원군 17, 25, 62, 66, 67, 103, 104

사진·그림 제공 및 출처

⊛ 사진 자료에 도움을 준 기관

건국대통령이승만박사기념사업회	이승만의 취임 행사 137, 집정관 총재 홍보 엽서 137, 이승만 홍보 사진 138, 한성 감옥에 수감 중인 이승만 148, 제네바 국제 연맹 본부 앞에 선 이승만 150, 이승만의 외교 활동을 보도한 신문 150
고려대학교박물관	민영환의 명함 유서 95
국립고궁박물관	고종의 옥새 96
국립민속박물관	벽걸이 자석식 전화기 57, 큰 전구와 작은 전구 57
국립전주박물관	전봉준 36
국립중앙박물관	〔중박 201205-2828〕 독립신문 69, 대한 제국 시기의 태극기 83, 대한 제국 시기의 태극 문양 훈장 83
국사편찬위원회	강화도 진무영 연무당 12, 별기군 29, 유관순 수형 기록표 130
규장각한국학연구원	『환재집』 23, 토지 소유권 증서 82, 한·일 의정서 88, 한·일 합병 조약문 98
독립기념관	전신기 52, 만민 공동회 기록화 71, 을사조약 전문 95, 을사조약 무효 선언 국서 96, 헤이그 특사 96, 고종의 위임장 96, 대한 협회 회보 108, 단지 혈서 엽서 113, 이토 히로부미의 죄악 15개조 115, 3·1 독립 선언서 128, 민족 대표 독립 선언 기록화 129, 태극기 목각판 131, 총살당한 만세 시위자 131, 피 묻은 저고리 131, 압송되는 시위자들 131, 스코필드의 공책과 수첩 135, 대한 독립 선언서 139, 상하이 임시 정부 청사 141, 충칭 임시 정부 청사 141, 이봉창 144, 한국 광복군 총사령부 성립 전례식 기념사진 146, 『광복』 146, 용수 153, 수갑과 족쇄 153, 흥만자회 증표 185, 진군할 때 쓰던 깃발 186, 대한독립군 혈성단의 군인 증명서 186, 위험할 때 호신용으로 사용하던 지팡이 칼(장도) 186, 독립군 장교가 지휘용으로 쓰던 지팡이 칼(단도) 186, 군 장비와 식량 따위를 넣어 다니던 배부대 186, 겨울에 이동하거나 전투할 때 착용한 발싸개 186, 나팔 186, 완장과 계급장 186, 우리말 큰사전 원고 201, 『한국통사』 201, 민족 사학자들이 쓴 역사책들 201, 일제가 강제로 거둬들인 금속품 202, 군 위안부 207
명지대-LG연암문고	인천에 상륙한 일본군 42
매헌윤봉길의사기념사업회	물통과 도시락 모양의 폭탄 모형 145
모덕사	최익현 초상화 26
민족문제연구소	한국 병합 기념장 101
백범김구선생기념사업협회	『백범일지』 143, 거사 직전에 함께한 김구와 윤봉길 144
부산근대역사관	대한 자강회 입회 인증서 107, 중절모 173, 서양 음식 그릇 세트 177
부산박물관	부산 우체사의 전보 배달원 52, 체전부 56, 철도 신호등 57, 한강 철교 77, 조선 총독부 155, 미쓰코시 백화점 176~177, 조선 신궁 199, 공출보국 식기 202
서울시립대학교박물관	김옥균의 죽음 33, 압록강의 뗏목 76, 궁성 요배 강요 포스터 198, 공출 장려 포스터 202
서울역사박물관	일본 공사의 내정 간섭 45, 축음기 57, 흥선 대원군 영정 67, 1920년대 말의 서울 172~173
서울특별시시사편찬위원회	옥상 카페 177, 1930년대 문화 주택촌 178
실학박물관	박규수 초상화 22
안중근의사기념관	의거 직후의 안중근 110
요코하마개항자료관	페리 제독의 일본 상륙도 14
이화여자대학교박물관	군국기무처의 회의 모습 46

인천시립박물관	영화 필름 57
인천시역사자료관	인천의 일본인 거류지 19
전쟁기념관	독립군이 사용한 소총과 권총 186
제암리3·1운동순국기념관	가족을 잃은 유족들 135
철도박물관	경인선 개통 당시의 승차권 57
한국전력 전기박물관	전기 시등도 50, 영사기 57
한밭교육박물관	황국 신민 서사석 198
한얼테마박물관	대형 카메라 57

사진 자료에 도움을 준 곳

뉴스뱅크이미지	만경대 188, 보천보 전투 현장 192
북앤포토	정동 교회 57
사계절출판사	우정국 31, 배재 학당 56, 광혜원 56, 독립관 69
서문당	전차 54, 나남의 일본군 19사단 183
시간여행	설탕통과 찻잔 세트 177
연합뉴스	전봉준 고택 34, 동학 농민 혁명 100주년 기념탑 41, 명성 황후 순국 숭모비 64, 명성 황후 영정 66, 독도 전경 90, 김구 국무령 집무실 144, 홍범도 180, 청산리 전투 승전 축하 기념사진 184, 일본의 진주만 공습 208
이숲출판사	청년 시절의 윤치호 160, 윤치호의 영어 일기 163
WIKIMEDIA COMMONS	강화도 조약 회담도 13, 황해 해전 43, 일본 제국 의회 47, 윤치호의 친일 활동 165, 난징을 점령한 일본군 197, B29 폭격기 211

사진 자료에 도움을 준 분

김덕수	대한 국민 의회 청사 138
오소희	페리 선착장 149
정주하	만석보 유지비 35
지중근	독립문 70
최웅규, 지중근	교과서와 만년필 56, 근대의 우표 56, 전기다리미 179

그림 자료에 도움을 준 분

김은미	서울의 혼마치 풍경 174~175
이수진	고종 황제 81

(주)사계절출판사는 이 책에 실린 모든 자료의 출처를 찾기 위해 최선을 다했습니다.
저작권자를 찾지 못해 게재 허락을 받지 못한 사진은 저작권자가 확인되는 대로 사용료를 지불하겠습니다.

키워드 한국사 6

2014년 6월 27일 1판 1쇄
2019년 8월 30일 1판 4쇄

지은이 | 김성환
그린이 | 차재옥·김진화

편집 | 최옥미·강변구
디자인 | 김지선
표지 그림 | 홍선주　**표지 제목 글씨** | 김기조
제작 | 박흥기
마케팅 | 이병규·양현범·이장열

출력 | 한국커뮤니케이션
인쇄 | 코리아피앤피
제책 | 정문바인텍

펴낸이 | 강맑실
펴낸곳 | (주)사계절출판사
주소 | (우)10881 경기도 파주시 회동길 252
등록 | 제406-2003-034호
전화 | (031) 955-8588, 8558
전송 | 마케팅부 031) 955-8595　편집부 031) 955-8596
홈페이지 | www.sakyejul.co.kr　**전자우편** | skj@sakyejul.co.kr
독자 카페 | 사계절 책 향기가 나는 집 cafe.naver.com/sakyejul
트위터 | twitter.com/sakyejul　**페이스북** | facebook.com/sakyejul

ⓒ 김성환 2014

값은 뒤표지에 적혀 있습니다. 잘못 만든 책은 구입하신 서점에서 바꾸어 드립니다.
사계절출판사는 성장의 의미를 생각합니다. 사계절출판사는 독자 여러분의 의견에 늘 귀 기울이고 있습니다.
이 책은 저작권법에 따라 보호받는 저작물이므로 무단전재와 무단복제를 금합니다.

ISBN 978-89-5828-376-8 74910
ISBN 978-89-5828-370-6 (세트)